Bartolomé de las Casas

Umbeständige warhafftige Beschreibung der indianischen Ländern

Bartolomé de las Casas

Umbeständige warhafftige Beschreibung der indianischen Ländern

ISBN/EAN: 9783744632713

Hergestellt in Europa, USA, Kanada, Australien, Japan

Cover: Foto ©Andreas Hilbeck / pixelio.de

Weitere Bücher finden Sie auf **www.hansebooks.com**

Umbständige warhafftige
Beschreibung
Der
Indianischen Ländern/
so vor diesem von den Spa-
niern eingenommen und
verwüst worden/
Durchgehends mit schönen
Kupfferstücken und lebhafften
Figuren außgezieret/
Erst in Lateinischer Sprach außgeben
Durch
Bartholomæum de las Casas,
Bischoffen in Hispanien/
Jetzt aber in das Teutsche übersetzt/ und an
vielen Orten verbessert/ in dieser neuen
und letztern Edition
Anno M. DC. LXV.

Umbständige warhafftige
Beschreibung
Der
Indianischen Ländern/
so vor diesem von den Spa-
niern eingenommen und
verwüst worden/
Durchgehends mit schönen
Kupfferstücken und lebhafften
Figuren außgezieret/
Erst in Lateinischer Sprach außgebett
Durch
Bartholomæum de las Casas,
Bischoffen in Hispanien/
Jetzt aber in das Teutsche übersetzt/ und an
vielen Orten verbessert/ in dieser neu-
und letztern Edition
ANNO M. DC. LXV.

Vorrede an den geneigten Leser.

Ipsius der weltberühmte Geschicht-schreiber/ als er von der Griechen uñ Römer blutigen Kriegsverrichtungen schreiben thäte/ und die jenige/ denen gleiche Gefahr/ Unglück und Beschwerligkeiten begegnen würden/ auch zu gleicher Gedult/ Stärcke/ Beständ- und Großmöthigkeit anmahnete/ hat er auf solche Weiß der Spanier gleichsam wunderthätige Einfäll in die Indien / und derselben gegen die Indianer verübte Grausamkeit in kurtzem vorgebildt/ in deme er folgende wenig Zeilen der Nachwelt hinderlassen.

Es hat kein Zeit/ kein Alter/ als unser gegenwärtiges/ einige Vergleichung mit selbigem/ und sind keiner wegen einige Exemplen erfindlich / so diesem mit Vernunfft beyzulegen/ und gegen zu stellen/ als diese unserige. In der andern Welt aber ist es noch viel seltzamer hergangen. Etlich wenig Spanier kamen vor 80. Jahren in die weit entlegene grosse neue Länder / Mein GOtt! wie viel haben sie der Barbaren nicht zu todt geschlagen? was unbeschreibliche Niederlagen haben sie gethan? Ich rede jetzt nicht von Ursach/ Anfang und Rechten dieses Kriegs/ sondern nur von desselben Verfolg/ Vollziehung und blutigen Außgang. Ich sehe jetzunder das großmächtige Land/ welches viel ist gesehen/ will nicht sagen überwunden zu haben; von 20. oder 30. Spanischen Soldaten überzogen/ durchstreifft und bezwungen/ ich sehe diese ungewaffnete Heerden Völcker überall gleich wie das Getreid vor der Sichel/ das Graß vor der Sense/ ohne Widerstand zu
boden

boden fallen; Wo bistu Cuba das gröste Einland ůnter allen andern? Wo du Haytì? Wo seyd ihr Jucaydæ/ die ihr vor diesem
fůnff biß sechsmal hundert tausend Mann/ beysammen gestan-
den/darvon ihr doch anderwärts kaum 15.nur zu Fortpflantzung
euerer Nation behalten.   Dieser geraume übermächtige Theil
der Erden/ die wahrhaffte andere Welt/ scheint gantz under die
Füß getretten und zu grund gericht / nicht anders als wann sie
durch Blitz/ Schwebel/ oder wildes Himmel-Feuer in die Asche
gelegt worden.   Ich bekenne/ Sinne/ Verstand/ Sprach und
Zunge entfallt mir/wann ich an diesen Undergang gedencke/und
sehe/daß alles was unserseits grühmt / gegen dieses anders nichts
seye/als nur lährere vom Wind getriebene Kaben Hülsen/(wie der
Comödienschreiber redet) oder nur gleichfalls ein Kinderspiel gegen Heldenthaten scheinet verglichen zu seyn.

    Dieses wenige hat der obbenahmte Geschichtschreiber nur
durch ein verfinstert- und entfernetes Gegitter uns hiervon sehen lassen; So alles aber viel näher und außdrücklicher an das
klare Augenliecht gestellet/ der jenige/welcher den Augenschein
selbst eingenommen/und ein bewährter Ertzeug der Warheit ist/
Bartholomæus de la Casas, Spanischer Nation.   Welches
vor von jederman gelobt-geliebt-und verlangtes Werck jetzt auß
dem Latein in unser Teutsche Muttersprach übersetzt/ an vielen
Orten verbessert / und mit schönen Lebens ähnlichen Figuren
durch und durch gezieret/aufs neue in Druck gegeben.   Halte
für genehm/ geneigter Leser/ unser wenige Mühe; belese und er-
lustige dich in diesen frembden doch schön- rar- und lustigen
    Indianischen Geschichten.   Lebe wol/und
        bleibe geneigt.

Indià-

Indianiſcher Geſchichte Erzehlung.

Je Länder / ſo man in gemein India heiſ-
ſet / ſeynd anfänglich bekant und erfunden worden / im Jahr unſers Heils 1492. und haben das
Jahr hernach die Hiſpanier darinnen zu wohnen angefangen / daß alſo 49 Jahr ſind / da etliche Hiſpanier erſtlich dahin kommen.

Das erſte Land / darinnen ſie ſich zu wohnen
niedergelaſſen / iſt die groſſe und fruchtbare Inſel
Hiſpaniola geweſen / welche 600. Teutſche Meil
im Umbfang hält. Es ſeynd ſonſten andere
groſſe und faſt unzählische Inſeln mehr / auff allen Seiten umb und an dieſer
Inſel und in derſelben Reſtier gelegen / welche alle ich ſehr volckreich / als ein
Land under der Sonnen ſeyn mag / geſehen hab. Das Fußveſte und harte
Land / welches von dieſer Inſel auf 250. Meilen / und ein wenig weiter gelegen / erſtreckt ſich auf der Seiten / nach dem Meer zu / weiter als auf 10000.
Meil. Und ſolche ſeynd ſchon bekant / und erfindet man täglich mehr Landes / welches alles ſo voll Volckes wie ein Omeiſſenhauffen wibelt. Daß es
alſo ſcheinet / daß Gott in dieſe Länder / ſo biß auf das Jahr 1541. ſeynd gefunden worden / die meiſten Menſchen / ſo auf der Welt zu finden / gleich wie
in einem Abgrund / zu hauff geſezt habe.

Es hat aber Gott dieſe unzählische Leut / allerley Art / von Natur gar einfältig erſchaffen / ohne Betrug / Liſt und Boßheit / ſehr gehorſam und treue ihrem angebohrnen Herrn / auch gegen den Hiſpaniern / denen ſie dienen / gar

Marginalia:
Wann neu Indien erſt-lich erfunden worden.

Neu Indien ſehr groß und volckreich.

Art und Natur der Indianer.

A   under-

underthänig/gedultig / friedlich / ohne Zancken/ Haß/ Widerwillen/ Neid/
Empörung/ Widersetzen oder Lust sich zu rächen. Sie seynd von Natur sehr
zart und weicher Complexion/ die nicht schwere Arbeit und Überlast ertragen
können/ sterben gar bald/ so etwan eine Seuch oder Kranckheit sie übereylet.
Und ist gewiß/ daß bey uns Fürsten und Herren Kinder/ die in aller Wollust
aufferzogen werden/ mehr außstehen und außtauren können/ als dieser Leut
Kinder/ so doch Feld-Arbeit treiben müssen.

Es seynd auch gar arme Leut/ besitzen wenig/ begehren auch nicht viel zeit-
licher Güter zu haben.   Derhalben sind sie nicht hoffärtig/ übermütig/ oder
daß einer dem andern nach dem seinen trachtete/ oder frembd Gut begehrte.

Speise der
Indianer.
Kleidung und
Bette der
Indianer.

Ihre Speise ist also geschaffen/ daß ich glaub / daß die Altvätter in der Wüsten kaum so genau und gering gelebt haben. Sie gehen gemeiniglich gar nackend und bloß/ allein die Scham bedecken sie / und wann sie sich sehr beklei-
den/ ist solches ein Mantel auß Baumwolle gemacht/ etwan von anderthalb
oder zweyen Elen Tuchs/ in die Vierung geschnitten. Sie schlaffen auf Decken von Schilff geflochten / Aber die es besser haben/ schlaffen gleich wie in
einem gestickten Netze/ an vier Seulen außgespannet / und nennen solche in
der Insel Hispaniola Hamacas.   Sie sind geschwinder Vernunfft/ fahen

Indianer
sinnreich und
gelernig.

bald etwas/ und gelernig/ derhalben sie alle gute Lehr fassen/ auch in dem heiligen Catholischen Glauben. Wären in allen andern Tugenden wol zu under-
weisen/ dann sie solches leichtlich zu fassen/ viel weniger Hinderung haben/ als
andere Leut in der Welt.   Sie lassen auch nicht nach/ so sie einmal angefangen haben/ was zu dem Glauben gehört/ zu fassen/ biß sie es begriffen haben/

Indianer gar
andächtig.

so inbrünstig/ begierig und hitzig sind sie darzu.   Anlangende den Gottes-
dienst und desselben Übung/ auch Geniessung der Sacramenten/ in der Kirchen seynd sie so embsig/ daß in der Warheit die Priester Gedult gnug haben
müssen / ihnen ein Genügen zu thun.   Und kürtzlich zu sagen/ hab ich es
sehr offt und viel von den Hispaniern selbst gehöret/ die solche gute Natur an
ihnen nicht gnug loben können.   Darumb gewiß kein glückseliger Volck auf
Erden/ als dieses ist/ do es allein die wahre Erkäntnuß Gottes hätte.

Spanier ty-
rannisch Vor-
haben gegen
den India-
nern/ nur zu
morden und
zu rauben.

Zu solchen zarten Schäflein/ von ihrem Schöpffer mit so reichen Gaben
begnadet/ wie gesagt / sind die Hispanier kommen/ und so bald sie derer nur
ansichtig worden/ wie reissende Wölffe/ Löwen oder grausame Tygerthier
mit dem Hunger außgemergelt/ und haben nun 40 Jahr aneinander bißhero in diesen Ländern nichts anders gethan/ begehren auch noch nichts anders zu stifften/ dann solche Schäflein zu erwürgen/ zu zerreissen/ zu ängsti-
gen/

gen / zu plagen / zu martern / und auf allerley tyrannische Weiß und Weg /
dergleichen niemals gesehen / gelesen noch gehört worden / und deren etliche
hernach erzehlt werden sollen / außzurotten / und so weit kommen / daß von 3.
Millionen Seelen / so allein in der Insel Hispaniola gelebt / auch von mir
zum theil sind gesehen worden / jetziger Zeit nicht 200. Seelen überbleiben /
und noch mehr im Leben sind.

Die Insel Cuba / welche so lang / als von Valladolet / biß gen Rom / ligt Fruchtbarkeit der Insulen in der neuen Welt.
fast öde und wüst. Die Insel S. Johann und die Insel Jamaica / alle
beyde sehr groß fruchtbar und schön / sind gantz eröset / deßgleichen die Insel
Lucatios / so Hispaniola und Cuba auf der Seiten / gegen Nord nahe gelegen / und an der Zahl mehr als 60. Inseln sind / sambt denen Inseln / so man
der Risen Inseln heisset / auch andere Inseln mehr / grosse und kleine / darun-
der die geringste fruchtbarer ist / als der Königliche Lustgarten zu Hispalis
oder Sevilia. Darzu sind es gesunde Länder / als in der Welt zu finden.
Solche sind alle verderbe und verwüstet. In diesen obgemeldten Inseln sind
mehr als 500000. Seelen gewesen / jetzt aber ist nicht eine lebendige Creatur
darinnen / von denen / so in derselben gebohren / zu finden. Dann sie zum theil
umbbracht sind worden / zum theil weggeführt in die Insel Hispaniola / in
dem Goldbergwerck zu arbeiten / darinnen die Inwohner auch alle aufgerieben worden. Als ein Schiff nach dreyen Jahren / in alle diese Insel gefahren / nach einem so grossen Weinlesen die übrigen Trauben zu suchen / und
was noch übrig / (dann ein guter Christ / auß sonderlicher Lieb und Erbärm-
nüß bewogen / diese Leute zu bekehren sich understanden /) zu hauff zu bringen /
hat er nicht mehr deñ eilff Personen / die ich gesehen / angetroffen und übrig
gefunden.

Andere mehr Inseln an der Zahl über dreyssig / so nahe an der Insel
S. Johann gelegen / sind auch gar zerstöret und eröset worden. Die Insel alle haben mehr dann zwey tausend Meil Landes / sind aber alle wüst und
öde gemacht.

Das feste Land anlangend / sind wir dessen gewiß / daß unsere liebe Hi- Weitläufftigkeit der neuen Insuln.
spanier / durch ihre Wüterey und verfluchte Thaten mehr als 10. König-
reich / grösser als gantz Hispania ist / wann man gleich Arragonia und Portugal mit einschleust / verderbet und eröset haben / und zweymal mehr Landes /
als weit von Hispalis auß / biß gen Jerusalem / welches weiter als zwey tausend Meil ist / solche Königreich alle / ligen noch heutiges Tags wüst und
ungebauet / da sie doch zuvor / so voll Leute / als immer möglich / gewesen
sind. Wir könten deß wahre Rechnung machen / daß in diesen 40. Jahren

A ij durch

15. Million Indianer vñ d Spaniern außgerottet.

durch der Hispanier Tyranney und teuffelisches Wesen / unbillicher und tyrannischer Weiß / mehr als 12. Million Seelen von Mann- und Weibs- bildern / und auch Kindern / außgerottet worden seynd. Glaub auch in der Warheit / und achte es gäntzlich dafür / daß ich nicht fehlen wolte / wann ich gleich 15. Million Seelen setzte.

Spanier haben 2. Wege die Leut auß- zurotten.

Die auß Hispania in diese Länder gezogen / haben alle 2. Wege gehalten / diese arme / elende Leut außzurotten. Der eine ist der unbillich / ungerechte / blutige und tyrannische verfluchte Krieg. Der ander ist / daß sie alle die umb- gebracht / so nur ein Gedancken haben fassen können oder mögen / sich der- maleins / umb ihr zuvor gehabte Freyheit wieder anzunehmen / oder aber auf Weg und Weiß getrachtet / der von den Hispaniern ihnen angelegte Mar- ter zu entfliehen / In massen dann alle grosse Herren und Adeliche großmü- thige Personen zu thun pflegen. Dann sie in dem Krieg gemeiniglich nie- mand bey Leben lassen / als das Weibsvolck und die Kinder / aber hernach drucken sie auch solche mit so grosser und schwerer Last der Dienstbarkeit / deß- gleichen kein Mensch / ja auch kein Vieh außstehen mag / davon sie dann auch letzlich sterben müssen. Zu diesen zweyen Wegen der teuffelischen Tyran- ney / mögen gezogen werden alle andere Weg und Weiß / so sie gebrauchen / die Leut außzurotten / welche fast unzählich sind.

Geitz und Hochmuth Grundursa- chen Span- ischer Tyran- ney.

Die Ursach / umb welcher willen die Hispanier so unzählige Seelen auß- gerottet haben / ist diese einige / nemlich / daß sie all ihr Thun und Trachten dahin gerichtet / Gold zu bekommen / davon sie in kurtzer Zeit reich werden / und gleich in einem Sprung herfür kommen / auch zu solchem Stand / der ih- nen gar nicht gebühret noch geziemet / gereichen möchten. Und mit einem Wort zu sagen / Ursach dieses alles ist ihr Geitz und Hochmuth / damit sie be- sessen / und beyde bey ihnen so unmässig groß / daß deßgleichen in der Welt kaum seyn mag : Und daß diese Länder so voll und reich / und die nackende wehrlose Inwohner darinnen demüthig / gedultig / einfältig / und gar gut zu zwingen / und unter ihre Gewalt zu bringen seynd.

Spanier hal- ten die India- ner nit so gut als unver- nünfftige Thiere.

Sie fragen nach diesen elenden Leuten gar nichts / achten ihrer auch we- niger (ich muß die Warheit bekennen / was ich die gantze Zeit über / da ich bey ihnen in diesen Ländern hab seyn müssen / gesehen hab / will nicht sagen / als unvernünfftige Thiere (dann wolte Gott / daß sie dieselben als unvernünff- tige Thier hielte) sondern weniger als Koth auf der gassen / also grosse Sorg tragen sie für das Leben und Seelen dieser elenden Menschen. Und seynd also so viel Millionen von ihnen erwürget und getödet worden / und ohne

Glau-

Glauben und Sacrament dahin gestorben. Da doch die Warheit/ in massen es alle/auch die Tyrannen selbst bekennen müssen/ daß niemals die Indianer in gantzen Indien den Hispaniern überlästig gewesen seynd/ sondern dieselbe gehalten/ als wann sie vom Himmel kommen wären/ und solches so lang/ biß sie und ihre Benachbarte erstlich von den Hispaniern seynd beträngt/beraubt/erwürgt/überwältigt/gemartert und aufs äusserst geplaget worden.

Indianer bemuth und Friedseligkeit gegen die Spanier.

Von der Insul Hispaniola.

JN der Insul Hispaniola/ in welcher die Hispanier/ wie gesagt/ erstlich angelendet/und ihr Volck außgesetzt/hat sich am ersten ihr Wüten und Würgen angefangen. Dann sie erstlich den Indianern ihre Weiber und Kinder mit Gewalt genommen/ und solcher nach ihrem Gefallen mißbrauchet haben/darzu ihnen alles aufgefretzt/und an dem nicht ersättigt gewesen/ was sie ihnen gutwillig mitgetheilet (dann die Indianer nicht viel Vorrath haben/sondern seynd an einem geringen/damit sie mögen außkommen und mit ihrer Arbeit zu wegen bringen/ genüg) Sintemal woran drey Häuser/ darinnen in einem aufs wenigst 10. Personen seynd/ ein gantzen Monat genug haben/das frißt und verfretzet ein Hispanier auf einen Tag auf.

Spanier Gewaltthaten in Hispaniola.

Ein Spanier frißt und verfretzt auf eins Tag mehr/ 10. Indianer in einem Monat.

Wie nun die Hispanier/solche und dergleichen Muthwillen/Gewalt und Uberdruß zu üben angefangen/ haben die Indianer vermerckt/daß sie nicht vom Himmel/wie sie anfänglich sich überreden lassen/kommen. Derhalben ihr ein Theil ihre Speise verborgen: Die andern ihre Weiber und Kinder geflöhet: Etliche seynd gar in das Gebirg gewichen/auf daß sie bey einem so abscheulichen Volck nicht wohnen dörfften: Dargegen aber haben sie die Hispanier destomehr geplagt/geschlagen/gestossen/ auch in den Stätten an die Herren und Fürnehmsten Hand angelegt/und solche gefangen/sind auch in ihrem Muthwillen und ruchlosen Leben so weit kommen/ daß ein Hauptmann deß fürnehmsten Herrn und Königs in dieser Insel Weib mit Gewalt hat dörffen nothzwingen. Von dannen an haben die armen Indianer angefangen auf Weg zu trachten/ wie sie die Hispanier wieder auß ihrem Land brächten/und haben sich zur Wehr gestellt/ aber leider ihr Widerstand ist gering/und nichts gegen gewaypneten Leuten zu achten/derwegen ihr Krieg nur Kinderspiel gegen den unsern zu rechnen seynd.

Indianer fliehen vor der Spanier Tyranney mit Weib und Kindern. Spanischer Hauptmann nothzwinget eines Indianischen Königs Weib. Indianer zugenöthigte Gegenwehr nichts gegen der Spanier Gewalt zu achten. Unmenschliche Tyranney der Spanier.

Die Hispanier haben mit ihren Pferden bald an sie gesetzt/ und mit ihren Spiessen und Schwerdtern/ was sie angetroffen/ alles zu boden gestochen/

A iij

gegen die Jungen und Alten schwangern Weibern/ Kindbetterin und säugenden Kindern in Hispaniola.

chen/ alsdann in die Stätt und Dörffer gefallen/ und niemand weder Jung noch Alt verschonet / auch der schwangern Weiber und Kindbetterin nicht/ sondern haben alles erwürgt/ als wann sie unter einem Hauffen eingesperrter Schäflein rumorten / haben miteinander gewettet / welcher auf einen Streich einen mitten entzwey hauen / oder am besten einem den Kopff abschlagen/ oder den Leib öffnen könte / daß das Eingeweide herauß fiele. Sie rissen die armen kleinen Creaturen von ihrer Mütter Brüsten/ und schmissen sie wider die Felsen/ daß das Hirn daran kleben blieb: Andere worffen sie in die Wasser/ und wann sie pflumpfften/ lachten und spotteten sie ihrer/ und sprachen: Schwimme nun hin/ und zapple wol auß. Andere erwürgten sie sampt den Müttern/ und was sie nur antraffen/ must alles sterben. Sie rich-

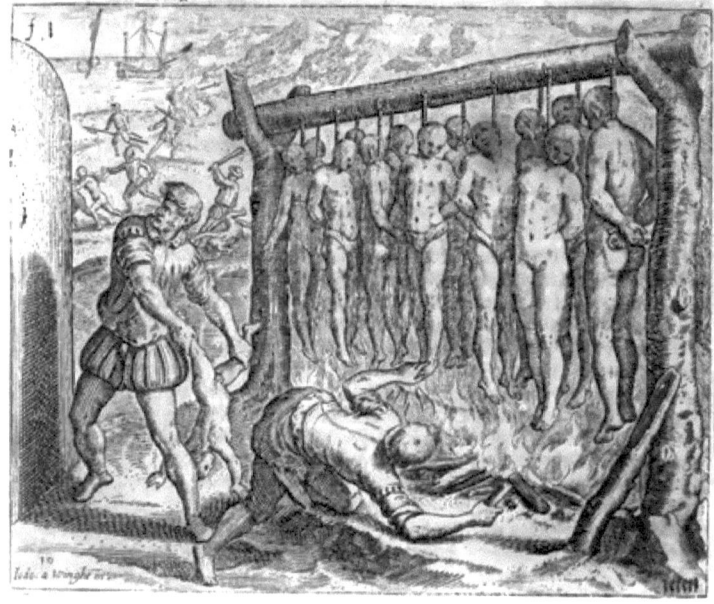

Iodo. à winghe fecit

teten lange und niedrige Galgen auf/ daß sie mit den Füssen fast die Erden
erreichen könten/daran hiengen sie 13. Indianer/ zu Ehren/ wie sie sagten/
unserm Erlöser und seinen zwölff Aposteln/ und machten ein Feuer darun-
der/und verbrennten sie lebendig. Den andern/denen sie das Leben schencken
wolten/hieben sie beyde Hände ab/ hengten ihnen solche an den Hals/ und
sagten: Lauff hin mit diesen Brieffen/ und bring denen/so auf das Gebirg
gewichen/diese Zeitung.

Gemeiniglich brachten sie die fürnehmsten Herren auf solche Weiß umb/
Sie machten ein sonderliche Art von Rösten/ auf hohen Stöcken/darunter
schüreten sie ein klein Feuer/damit sie in so grosser Marter mit jämmerlichem

Spanier brau
ten und ver-
brennen 11.
Indianer Chri-
sto und 12. A-
posteln zu ehr.

Spanier bra-
ten die für-
nehmst Land-
herren auf
Rösten.

Geschrey

Geschrey und Heulen den Geist aufgaben. Ich hab einmal 4. oder 5. der fürnehmsten Herren auf diesen Rösten braten sehen/ und glaub/ daß anderswo etliche dergleichen stunden/ Und weil es ein jämmerlich erbärmlich Geschrey gabe/ dadurch auch der Hauptmann beweget und an seinem Schlaff verhindert wurde/ befahle er/ man solte sie erstecken/ und der Marter abhelffen Aber der Profos/ welcher ärger war dann der Hencker selbst/ der sie also brennete/ (ich weiß seinen Namen wol / kenne auch seine Freunde zu Sevilia wol) wolte nicht/ daß man sie erstecke / sondern er selber legte ihnen Knöbel in die Mäuler/ daß sie nicht schreyen kunten / und schürete das Feuer/ biß sie gnug nach seinem Gefallen gebraten waren, Solche und dergleichen unzähliche Marter hab ich selbst gesehen.

Und weil / wer da fliehen kunte/ sich in das Gebirge begab / und auf die höchste Berg versteckte/ ob sie so unbarmhertzigen Leuten/ die ohn alle Gottesforcht / unmitleidentlicher als die unvernünfftigen wilden Thier/ das Menschliche Geschlecht nur außzutilgen gebohren / und ihre ärgste Feind waren/ entfliehen möchten: Richten die Hispanier ihre Hund ab/ und machten sie auf Menschenfleisch beissig / daß sie in einem Hui/ wann sie solche nur an die Indianer hetzeten/ dieselben darnieder/ und als ob es Säu wären/ zerrissen und fraßen. Diese Hund thäten ihnen sehr grossen Schaden. Und weil es sich bißweilen zutrug/ daß die Indianer/ und nicht unbillich/ etwan etliche Hispanier umbrachten/ machten sie unter ihnen ein Gesetz/ daß allweg für einen Hispanier 100. Indianer umbgebracht werden solten.

Von den Königreichen/ die in der Insel Hispaniola gewesen.

ES sind in der Insel Hispaniola 5. fürnehme Königreich gewesen/ welche von 5. underschiedlichen Königen / denen alle andere Herren in der Insel/ so fast unzählich/ underthänig gewesen/ sind regieret worden. Neben denselbigen sind auch abgesonderte Länder darinnen gewesen/ so für sich selbst/ und deren Könige keinen für seinen Oberherrn erkant haben.

Eines auß diesen Königreichen heist Magua/ das heist so viel/ als ein ebene Landschafft. Diese Ebene ist unter die fürnehmsten Wunder der Welt zu rechnen. Dann sie begreifft vom Meer gegen Mittag/ biß an das Meer gegen Mitternacht/ 80. Meil Landes/ und hat in der Breite 5. Meil/ auch 8. biß auf 10. Meil / und ist auf allen Seiten mit hohen Bergen beschlossen

Diese

Diese Ebene durchstiessen mehr als 30000. grosse und kleine Wasserfluß/ darunter 12 so groß sind/als Ebrus/Tagus und Guadalquevir. Und alle die Wasser so auß den Bergen gegen Abend entspringen/ derer an der Zahl 25000. sind/führen Gold. In welchem Berg/oder viel mehr Gebirge/ ligt das Land Cibao/ in welchem das Reich getrent/ von Cibao/ genent/ bricht/dann solches Gold 25.Carat hält/und wird hieaussen hoch gehalten.

Der König und Herr dieses Königreiches hieß Guarioner/ und hatte under sich so gewaltige Herren und Lehenleut / daß ihrer ein jeglicher ihrem König/damit zu dienen/16000.Mann kunt aufbringen/ deren Herren hab ich etliche gekant. Dieser Guarioner war ein tugendhaffter sittsamer Mañ/ von Natur friedliebend und fast geneigt den Königen in Castilien zu dienen. Und geben seine Underthanen / ein jeglicher so ein Hauß hat / ein gewisse Schalen voll Goldes den Hispaniern. Hernach aber/ als es ihnen wolte zu viel werden/weil sie keine Geschicklichkeit wissen/ noch grossen Fleiß darauf/ wie das Gold zu gewinnen oder zu graben/legen/ haben sie solche Schalen entzwey geschnitten/und eine halbe voll geben. Dieser Cacique oder König/ hat dem König in Castilia angebotten/ daß ihn das Land von Isabella an/ da die Hispanier erstlich sich zu wohnen/ niedergelassen/ biß an die Statt Dominico/underthan seyn solte/ und wolte er es mit Feldbauen erhalten/ allein daß man kein Gold mehr von ihm fordern solte. Dann er wante für/ und sagte recht und die Warheit/ daß seine Underthanen damit nicht könten umbgehen/und wüsten solches nicht zu gewinnen. Die Feldarbeit/die er verhieß/hätte er leichtlich und mit Nutz vollbringen mögen. Und weiß ich/ daß es unserm König jährlichs Einkommens auf 3. Million Castilianer getragen hätte/davon jetzt in der Insel mehr als 30. Stätte/ grösser als Sevilla/ hätten mögen erbauet werden. Den Lohn so die Hispanier diesem grossen König und Herrn gegeben haben/ welcher sich so freundlich und gütig gegen ihnen gehalten/ist gewesen/daß ihr Hauptmann/ein böser Christ/dieses Königs Gemahlin genothzüchtiget hat. Es hätte dieser König wol auf Zeit und Gelegenheit sich zu rächen warten/und sein Volck anführen können/ aber er hat sich auf das schnelleste davon gemacht/ sich versteckt/ und also sterben wollen/ weil er sich von seiner Hoheit entsetzet/ und seines Königreichs verstossen vermerckte / und hat in dem Land de los Ciguaios/ so eines grossen Herrn und seines Underthans war/sein Leben beschliessen wollen. Wie aber die Hispanier vermercket/ daß er ihnen entkommen/ hat er sich nicht länger verbergen mögen/dann sie den Herrn/ dabey er verborgen/mit Heereskrafft über-

B über.

Marginal notes:

Magna sehr Goldreich.

Guarioner König in Magua/und deß selbige Macht.

Guarioner ein friedsamer Mann.

Jährliche Pension der Maguaner.

Königs in Magua erbieten gegen dem König in Castilien.

Spanischer Hauptmann nothzüchtiget die Königin zu Magua.

König Guarioner fleucht auf seinem Königreich für der Spanier Tyranney.

König Guarioner wird vo den Spaniern gefangen/ und

im Eisen nach Castilien geschickt. König Guarionex ertrincket im Meer.

überzogen / und grossen Jammer und Blutvergiessen angericht haben / biß sie ihn endlich gefunden / alsbald haben sie ihn in die Eisen geschlagen / und auf einem Schiff also angeschmiedet / nach Castilien geschickt: Solches Schiff ist auf dem Meer zu grund gangen / und sind viel Hispanier / so darauf gewesen / sampt diesem gefangenen König ersoffen: Jst auch ein grosse Summa Golds mit undergangen und verlohren worden / dabey das grosse Goldkorn oder Stuffe / wie ein grosser Laib Brods gewesen / und hat 3600. Castilianer gewogen. Also straffet Gott unbilliches Fürnehmen.

2. Königreich Marien weitläufftig / fruchtbar / Kupffer- und Goldreich.

Das ander Königreich hat Marien geheissen / da jetziger Zeit ein Anfurt oder Hafen ist / an der einen Ecken dieser Ebene / gegen Nord oder Mitternacht. Und diß Königreich ist grösser / als das Königreich Portugal / ist auch viel fruchtbarer / derhalben es wol zu bewohnen wäre / dann es grosse Gebirg / so reich von Gold und Kupfferbergwerck umbher hat.

Guacauaga König in Marien. Freundlichkeit und Ehrerbietung dem Spanischen Admiral von dem König in Marien erzeigt.

Der König darin hieß Guacauaga / und hatte under ihm viel großmachtige Herren / deren ich viel gesehen und gekant hab. Jn dieses Königs Gebiet ist erstlich der alte Herr Admiral / als er diese Gegend in India erfunden / zu Land getretten / und in dieser Jnsel von den Guacanagari so freundlich / gütig und mit so grosser Ehrerbietung auf- und angenommen worden / daß ich von dem alten Admiral selbst gehört / er hätte in seinem eigenen Vatterland / von seinem leiblichen Vatter / nicht anders mögen gehalten werden. Dergleichen grosse Gutthaten hat dieser König allen Hispaniern / die bey ihm gewesen / erzeigt / und zu der Zeit / da sie es gewiß hoch von nöthen gehabt. Dann an dieser Gegend hat der Admiral sein Schiff verlohren / und ist ihm dieser König / mit allem / so ihm möglich / zu hülff kommen / und fortzureisen Fürschub gethan.

König Guacauaga von Spaniern seines Königreichs verjagt / stirbt in der Flucht.

Es ist aber dieser König hernach in der Flucht auf dem Gebirg gestorben / als der Hispanier Tyranney / von welchen er seiner Königlichen Würden entsetzt / hat entgehen wollen / und alle seine andere Herren und Underthanen sind under der Hispanier tyrannischem Joch / wie hernach soll gesagt werden / umbkommen.

3. Königreich Maguana dz beste Zuckerland. Caonabo König in Maguana sehr fürtrefflich.

Das dritte Königreich und Herrschafft hat Maguana geheissen / ein sehr fruchtbar / gesund und wunderbares Land / allda man jetziger Zeit den besten Zucker macht. Der König dieses Lands hieß Caonabo / und übertraff dieser die andern alle an Ehr / Gewalt und Tapfferkeit / wurde ihm auch von seinen Underthanen mit sonderlichen Ceremonien und Ehrerbietung gedienet. Diesen König haben die Hispanier mit sonderer List / in seinem Palast / als

er sich

er sich nichts weniger als dieses besahret/ gefangen/ hernach haben sie ihn auf einem Schiff nach Castilien schicken wollen/ aber als in dem Port bereit 6. Schiff stunden/ abzufahren/ schickt Gott/ dadurch anzuzeigen/ was unbillliche Sache sie fürnahmen/ die Nacht ein groß Ungewitter/ dadurch diese Schiffe alle sampt den Hispaniern ersoffen/ und muste also der arme König Caonabo/ in Eisen hart angebunden/ auch mit ersauffen.

Es hat dieser König 3. oder 4. Brüder gehabt/ welche auch dapffere Helden gewesen/ wie er gewesen. Als nun solche sahen/ wie unbillich ihr Bruder gefangen war/ und wie übel und tyrannisch die Hispanier in andern Königreichen hätten haußgehalten/ auch als sie ihres Bruders deß Königs Todt erfahren/ haben sie sich zusammen gehalten/ der Meinung/ sich an den Hispaniern zu rächen. Aber solche sind ihnen zu Roß entgegen gezogen/ welches dann der Weg ist/ dadurch den Indianern am meisten Schaden zugefügt werden mag/ und haben in sie gesetzt/ und ein solch Blutvergiessen angefangen/ dadurch das halbe Theil dieses Königreichs verderbt/ verheret/ und Volckloß gemacht worden ist.

Das vierdte Königreich hat Xaragua geheissen. Dieses Königreich ist gleich/ als das Mittel der Insel/ und übertrifft die andern alle mit der Sprach/ welche höfflich und artig ist/ Darzu ist ein gar wolangestellte Regierung und ordentlich Leben darinnen/ dann es viel Herren und Adels hat/ welchen nach sich das gemeine Volck auch hältet. Der König darinnen hieß Beuchio, und hatte solcher eine Schwester/ mit Namen Anacaona. Diese zway/ der Bruder und die Schwester/ haben den Königen auß Castilien viel grosser herrlicher Dienst geleistet/ wie auch gegen den Hispaniern sehr freygebig gewesen/ und sie auß mancherley Todtsgefahr erlediget. Nach deß Beuchio Absterben ist Anacaona allein Königin deß Landes verblieben.

Auf eine Zeit kombt der Gubernator dieser Insel wegen deß Königs in Hispania/ in die Königreich/ und führet mit sich 60. Pferd und 300. zu Fuß/ die Pferd wären allein übrig gnug gewesen/ nicht allein diese Insel/ sondern auch das Fußveste Land zu verderben und zu verhergen. Zu diesem Obristen werden gefordert mehr als 300. der fürnehmsten Herren/ und wird ihnen sicher Gleit zugesagt/ under welchem Schein er die Fürnehmsten in ein groß Hauß von Stroh gemacht/ einsperret/ und läst solches mit Feuer ansteeken/ und die darinnen also verbrennen. Die andern Herren und unzehlich Volck so rait ihnen kommen/ sind alle erstochen und erschlagen worden: Die Königin aber Anacaona hat er ihr zu Ehren hencken lassen.

B ij   Etliche

Eude a Wieser in

Etliche Hiſpanier / auß Mitleiden oder vielmehr Geitz / hatten etliche
junge Knaben ihnen zu Lackeyen behalten / und damit ſie nicht erwürget
würden/hatten ſie ſolche hinderſich auf die Pferd geſetzt.　Aber andere Hiſpanier ſchliechen hinder denſelben her / und ſtachen dieſe arme Knaben mit
Lantzen durch und durch / ob aber etwa einer an die Erde herab vom
Pferde fiel / hieben ihm die andern Hiſpanier die Füß ab/ und lieſſen ſie alſo
ligen.　Etliche von dieſen Indianern / ſolcher Wüterey zu entgehen/kamen
davon in ein kleine Inſel / 8. Meil von dieſer gelegen/ aber der Gubernator
gab ſolche alle zu leibeigenen Knechten/ weil ſie alſo davon / dieſes Blutbad
zu fliehen/kommen waren.

Unmenſch-
lichkeit der
Spanier an
de gefangenen
Knaben.

Indianer in
Xacagua
werden alle zu
leibeigenen
Knechten ge-
macht.

Das

Das fünffte Königreich hieß Higuei. Darinnen herrschete eine alte Königin / mit Namen Higuanama / aber solche haben die Hispanier gehenckt. In diesem Königreich hab ich fast unzehliche lebendig verbrennen sehen / andere aber zu stücken zu hauen / und anfandere Weiß greuliche Marter und Pein anlegen / die übrigen nemlich / die sie lebendig fiengen / machten sie zu leibeigenen Knechten.

Es ist unmöglich / daß es also mög eintzelen beschrieben werden / was sich in außrottung dieser Leute zugetragen / und glaub ich warhafftig / daß / wann gleich viel gesagt würde / dannoch unter tausend kaum eins gesagt werden könne / will nur / was den obangeregten Krieg anlanget / sagen / und auf mein Gewissen nehmen / auch also für Gott bezeugen / daß zu allen oberzehlten unbilligen Tyranneyen / oder was noch erzehlt mag werden / der er ich doch geschweig / die Indianer niemals Ursach geben haben / noch auch geben haben mögen / gleich so wenig als ein wolgeregulirtes Kloster oder Convent Ursach gibt / warumb sie beraubet oder erschlagen worden / oder warumb die so dem Todt ergeben / in ewiger Dienstbarkeit und Bedrangnuß gehalten werden. Ich will mehr sagen / und glaube es auch / kan auch solches auß andern Ursachen wol abnehmen / daß die gantze Zeit über / da so viel unzehlich Volck in dieser Insel umbgebracht ist worden / ihrer keiner gegen den Spaniern einige Todtsünde / oder die vor die Menschen straffwürdig / begangen habe. Andere Sünde anlangende / die Gott allein zu straffen gebührt / als Begierde sich zu rächen / Zorn / Widerwillen / wie solten solche diese Leut gegen ihren Todt-Feinden gehabt haben? Ich glaub / daß wenig Personen auß ihnen / mit solchen und dergleigen Sünden behafft gewesen sind / dann sie sich nicht leichtlich bewegen lassen / wie ich selbst erfahren / und gütiger sind / als die Kinder von 10 oder 12. Jahren. Weiß auch für gewiß und in der Warheit / daß die Indianer jederzeit billiche und erhebliche Ursach gnug wider die Hispanier gehabt haben / und dagegen / daß der Hispanier Krieg gegen ihnen fürgenommen / allzeit unbillich / unrechtin d teuffelisch / und greulicher als von einem Tyrannen gesagt werden möge / gewesen sind. Deßgleichen bezeuge ich von allen andern ihren Handlungen / von ihnen in gantz India begangen.

Nach dem sie nun ihre Krieg verrichtet / darinnen fast alle Mansbilder umbkommen / und allein die junge Leut / die Weiber und Kinder übergeblieben / haben sie solche unter sie außgetheilet / einem 30. dem andern 40. geben / offt einem 100.200. darnach einer bey den Tyrannen groß / so sie einen Gu-

6.
Königreich
Higuei.
Königin Higuanama gehenckt.

Greuliche Tyrannen der Spanier in Higuei.

Indianer haben den Spaniern zu ihrer Wüterey rel. Ursach geben.

Indianer sehr gütig und nit rachgierig.

Spanier Vornehmen und Krieg wider die Indianer unbillich und teuflisch.

Spanier theilen die überbliebene Indianische weiber und Kinder unter sich auß.

bernator nennen/und in Gnaden gewesen Solche arme Leut befahl man den Hispaniern unter dem Schein/daß sie sie in dem Catholischen Glauben underweisen solten/so doch diese Lehrmeister gemeiniglich ungelehrte Layen/ Wüterich/Geitzige und aller Laster voll stecketen/und die gröste Fürsorg/die sie für die arme Leut tragen / war / solche mit Gewalt in das Bergwerck zu verstecken / welches dann ein unträgliche Arbeit ist : Die Weiber aber musten auf dem Feld arbeiten/welche Arbeit auch dem stärcksten Bauersmann schwer und sauer gnug ankommet.

Solchen aber allen gaben sie nichts zu essen/als nur Kräuter und deßgleichen/so wenig/oder gar keine Nahrung gibt/derhalben vertrocknete den Müttern die Milch in ihren Brüsten/und sturben in kurzer Zeit alle kleine Kinder.

Und weil die Männer an einem Ort / und die Weiber am andern so hart gehalten wurden/und gar nicht zusammen kamen/hörete das Kinderzeugen unter ihnen auch auf. Die Männer storben in Goldgruben/von Arbeit und Hunger : Die Weiber kamen auß gleichen Ursachen auff dem Feld auch umb. Also ist ein sehr grosse Anzahl Volcks in dieser Insel außgerottet worden. Sie musten offt darzu schwer tragen/einer offt 80. offt 100 Pfund/und solche Last musten sie 100. in die 200. Meil tragen/Sie musten auch die Hispanier in Sänfften/oder in ihren Indianischen Betten/wie Netz gemacht/ tragen/dann sie jederzeit diese arme Leut Last zu tragen/an statt der Thier gebraucht haben / Derhalben ihre Lenden und Nacken wie die armen Saumroß/oder andere gemarterte Thier aufgerieben und gedruckt waren. Anlangende die Rutenstreich / Steckenschläge / Maulschellen / Fauststösse/ Fluchen und andere viel hunderterley Weise der Marter/die sie an ihrer Arbeit außstehen musten/könte noch möchte in der Warheit kürtzlich nicht beschrieben werden/gehörte auch viel Papier darzu/und wäre nichts nütze/als die Leute damit zu erschrecken.

Der Jammer in diesen Inseln und Ländern ist angangen nach dem tödlichen Abgang der hochlöblichen Königin Frauen Isabella / im Jahr 1504. Dann zuvor nur etliche Länder durch den unbillichen Krieg verderbet/und nicht alles also verherget war worden/wie dann solches alles für der Königin gar heimlich gehalten / dann sie eine sonderliche Andacht und Neigung hatte / daß diese Leut erleuchtet würden / und unter ihrem Gebiet zu nehmen / wie ich dessen Exempel genug weiß/die ich selbst gesehen/und mit meinen Händen gegriffen hab.

Es

Es ist auch diese Regel in gemein daran zu mercken/ wo die Hispanier in diesen Ländern in India gewesen/ dann wo sie durchgezogen/ haben sie alle Marter und Pein/ so zu erdencken/ wider die unschuldige Indianer geübt und fürgenommen/ solche auf allerley tyrannische Weg und Weiß underzutrucken und außzurotten. Derhalben sie täglich neue Marter erdacht/ und sind von Tag zu Tag hefftiger und wütender worden/ deßwegen sie auch Gott hat gar fallen/ und in ihrem verkehrten Sinne umbkommen lassen.

Tyrannischer Proceß der Hispanier in India.

Von den zwehen Inseln/ S. Johann und Jamaica.

Je Hispanier sind in die Inseln S. Johann und Jamaica/ welche als Lust- und Immengarten waren/ kommen/ als man zehlt 1509. Haben aber darinnen gleich wie in der Insel Hispaniola haußgehalten. Dann sie gleicher Weiß darinnen geraubet und gesündiget. Aber ihre Untreu ist nur grösser worden/ und hat zugenommen. Dann sie die Leut darinnen verbrennt/ gebraten/ und den Hunden fürgeworffen haben/ die übrigen sind in den Goldgruben abgemattet/ und mit anderer schwerer Arbeit dahin gerichtet worden/ daß von sechs mal hundert tausend Seelen/ so in dieser Insel/ ja ich glaub/ wann ich gleich von zehen mal hundert tausend sagte/ gewesen/ jetziger Zeit in jeglicher Insel kaum 200 Personen zu finden. Und ist diese Meng alle ohn Glauben und Sacrament dahin gestorben.

Wann die Spanier in Jammaica und S. Johann kommen. Greuliche Marter so die Spanier den Innwohnern dieser Insel angethan.

Von der Insel Cuba.

IM Jahr 1511. sind sie in die Insel Cuba kommen/ welche so groß ist/ als von Valladolit gen Rom seyn mag/ und sind viel Länder/ und groß Volck darinnen gewesen. In dieser Insel haben sie gleich wie in den andern tyrannisirt/ ja sind täglich grausamer/ verruchter und wilder worden.

Es haben sich in dieser Insel Sachen zugetragen/ die wol zu beherzigen. Ein grosser Herr oder Cacique/ mit Namen Hathuei/ ware auß der Insel Hispaniola in die Insel Cuba mit viel andern seiner Leute/ der Hispanier Wüten und Tyranney zu entgehen/ geflohen. Wie er nun von etlichen Indianern erfähret/ daß die Hispanier auch nach Cuba kommen/ hat er alle seine Leut zusammen gefordert/ und sie also angeredt: Ihr wisset/ was man saget/ daß nemlich die Hispanier auch hieher kommen. Und wisset auch/ habt es auch

Wann die Spanier erstlich in die Insel Cuba kommen/ und wie sie sich darinnen verhalten. Cacique Hathuei Gespräch und Berathschlagung mit den Indianern/ wie die Spanier in wüten.

auch erfahren/wie sie einem und andern mitgefahren haben/ auch wie sie die
Haiti (das sind die in Hispaniola) gemartert und geplaget haben. Nun
werden sie es nicht besser machen/ wisset ihr aber/ warumb solches an ihnen
geschicht? Darauf sie ihme geantwortet/ Sie wüsten nicht warumb/ Es
wäre dann/daß sie von Natur so böß und tyrannisch wären. Ja sagt er/nicht
allein darumb/daß sie einen Gott haben/ den sie anbeten/begehren sie so viel
zu haben/und daß sie von uns haben mögen/ihn anzubeten/ bringen sie uns
umb/und zwingen uns ihnen zu geben. Wie solches redet/ zeiget er ihnen
eine grosse Truhe oder Kisten voller Gold und Edelgestein/ die bey ihm stun-
de/und sprach: Diß ist der Hispanier Gott. Lasset uns/so es anders euch ge-
fället/Arietos/das ist tanzen/und ihm Ehr erzeigen/dadurch wollen wir ihn
bewegen/daß er uns genädig sey/ und gegen den Hispaniern verbiete/daß sie
uns nichts thun. Darauf sie alle geschrien: das ist recht/das ist recht. Und
haben so lang herumb getanzet/biß sie gar müde worden. Da hat der Hatuei
zu ihnen gesagt: Es ist noch mehr zu bedencken/ so wir diesen Gott bey uns
behalten/ so werden ihn die Hispanier doch nehmen/ und uns umbbringen/
Derwegen laßt uns solchen ins Wasser werffen/welches sie dann alle zu thun
willig gewesen/ und haben also die Truhen in einen grossen Wasserfluß/so
nahe bey ihnen/geworffen.

Dieser Herr und Cacique entwich den Hispaniern/alsbald solche in Cuba kamen/ so viel er kunte/ dann er sie wol kennete/ was sie für Leut waren.
Da er aber sie antraff/wehrete er sich so viel er kunt. Letzlich wurd er auch
gefangen/ und nur weil er so ein ungerecht wütend Volck flohe/ und sich gegen denen/ so ihme und den seinen nach dem Leben trachteten/ zur Gegenwehr stellete/wurde er lebendig verbrennt.

¶ Wie er nun am Pfal angebunden war/ hat ihm ein Barfüsser Mönch
ein wenig von Gott und den Christlichen Glauben fürgesagt/ dergleichen
der arme Herr zuvor nicht gehöret/ und muste es auf dißmal/ so viel ihm der
Hencker Raum und Zeit ließ/ genug seyn: Nemlich/ wann er dem glauben
wolt/was man ihm sagte/würde er in den Himmel kommen/ da ewige Ruhe
und Freude wäre: Wo er es aber nicht glauben wolte/ würde er in die Höll/
in ewige Marter und Pein kommen. Darauf hat sich dieser arme Herr ein
wenig bedacht/und bald darauf den Mönch gefragt/Ob auch die Hispanier
in Himmel kämen? Ja/sagt der Mönch/sonderlich die Frommen. Ohne
weiter Bedencken/hat der Cacique gesagt: Er möchte nicht in den Himmel/
sondern wolte in die Höll fahren/dann er nicht an den Ort möchte/ da er
solche

Marginal notes:

Gold und Edelgestein ist der Spanier Gott.

Indianer Tanz und Fürbitt gegen Spaniern/ von derselben Gott zu erlangen.

Indianer ersencken der Hispanier Gott in der Truhen.

Hatuei gefangen und lebendig verbrennt.

Barfüsser Mönch will Hatuey am Pfal bekehren.

Hatuey will lieber in die Höll/ dann in Himmel zu den tyrannischen Spaniern fahren.

solche wüste Tyrannische Leut/wie die Hispanier wären/sehen müste. Solch
Ehr und Lob hat Gott und der Christliche Glaube / von den Hispaniern/die
in India kommen/erlangt und davon gebracht.

Als einmal die Indianer von einer grossen Statt auß/uns auf 10. Meil
entgegen gangen waren/ mit aller Demuth und Ehrerbietung / uns anzunehmen und zu empfangen / auch Proviant und allerley Schleckerbißlein
mitbrachten/ Wie sie uns nun erreicht hatten/ theileten sie reichlich auß/ von
Fischen/Brod und ander m/so viel sie nur vermochten. Aber alsbald fuhr der
Teuffel in die Hispanier/ welche in meiner Gegenwart/ ohne einige Ursach/
über die 3000. Seelen/so für uns auf Erden sassen/von Mañ und Weibsvolck / und auch jungen Kindern/ erbärmlich ermordeten und umbrachten.

Spanier
bringen mehr
dann 3000.
Indianer uñ/
so ihnen Pro-
viant zuge-
bracht.

C   Ich

Ich hab von ihnen so grosse Tyranney gesehen/ deßgleichen ich nicht glaube/daß ein lebendiger Mensch gesehen habe/noch sehen werde.

Botschaffte deß Auto: lo an die Indianer in Havana.

Ein anders mal vnd etliche Tag hernach/ hab ich an die Herrn deß Lands Havana ein Bottschafft gesendet/vnd ihnen zugesagt/daß sie sich nicht förchten dörfften (dann sie erfahren hatten/ daß ich bey den Hispaniern etwas in Ansehen wäre) noch davon lauffen/ sondern kommen und uns annemmen solten/es solte ihnen kein Leid zugefügt werden: Dann das gantze Land war forchtsam und erschrocken über der Tyranney von den Hispaniern begangē. Und solches alles thät ich auß Befehl und Geheiß unsers Obersten Wie wir nun in das Land kommen/sind uns 21.grosse Herren und Caciques entgegē kommen/uns zu empfangen/welche der Hauptmann alle alsbald gefänglich angenommen/hindansetzende/ was ich ihnen verheissen und zugesagt hatte/ und wolte sie deß andern Tags alle lebendig verbrennen lassen/der Meinung/ es kōnte nicht anders seyn/weil zu befähren/daß solche Herren einen Aufruhr anrichten möchten. Ich hatte zwar Mühe gnug/ biß ich sie von dem Feuer errettet möchte/und daß sie auf dißmal davon kommen.

21.Indianische Landherrn wider zugesagt Geleit von den Spaniern gefangen.

Wie nun die Indianer sahen/ daß sie gleich in die Dienstbarkeit und Trübnuß/ wie ihre Benachbarten in der Insel Hispaniola gerathen/ auch keine Hülff noch Rettung zu hoffen/ versteckten sich ein Theil in die Berge und Wildernisse: Die andern/als sie an aller Hülff verzweiffelten/erhiengen sich selbst/ und sahe man Weib und ihre kleine Kinder bey ihnen hängen.

Indianer auß Forcht für den Spaniern entlauffen und erhencken sich selbst mit Weib und Kind.

Daß also wegen eines Hispaniers Tyranney (so der rechte grosse Tyrañ war/ welchen ich wol kennete) über die 200. Indianer sich selbst auß Verzweifflung hiengen Und ist auf diese Weiß sehr viel Volcks umbkommen.

Es war in dieser Insel ein Spanischer Befelchsmann/welchem man zu seinem Theil 300 Indianer als Leibeigene zutheilte/dem waren nach drayen Monaten/von schwerer Arbeit in den Goldgruben/ 270. umbkommen/ daß er nur 30 übrig hatte/so der zehende Theil war. Hernach gab man ihm wieder so viel/wie zuvor und mehr/ aber er brachte sie auch umb/und so viel man ihm zutheilt/so viel bracht er umb das Leben/biß er endlich auch starb/und ihn der Teuffel holet.

Spanischer Befelchsmañ bringt alle seine leibeigne Indianer in den Goldgruben umb.

Innerhalb 3. oder 4.Mönat/in meiner Gegenwart/sind über 6000.junge Kinder gestorben/wegen daß sie ihrer Eltern/die man in die Goldgruben versteckt/beraubt waren Ich hab auch andere abscheuliche Thaten gesehen.

Mehr dann 6000 Kind jämmerlich Hungers gestorben.

Hernach beschlossen sie auch/die so in das Gebirg geflohen/heimzusuchen/ da sie dann groß Blutvergiessen vollbracht haben. Und haben also diese gantze In-

Die entflohene Indianer

ꜩe Jnsel erlöset/in massen ich sie dann nicht lang hernach gar verderbt gesehen. Und ist in der Warheit ein grosser Jammer / ein so fruchtbares/ zuvor volckreiches Land/ also schnell ganꜩ öde/ verwüstet und ohne Volck zusehen.

Von dem Fußvesten Lande.

JM Jahr 1514. ist auf das Fußveste Land ein boßhäfftiger Gubernator kommen / so ein greulicher Tyrann/ bey welchem weder Barmherꜩ gleit noch Tugend zu finden/ sondern nur ein Werckzeug deß Zorns Gottes zu nennen/ deß Fürsatz war/ in diß Land viel Spanier zu bringen. Und wiewol zuvor auch andere Tyrannen auf das Land außgestiegen/ geraubt/ gemordt/ und erbärmlich mit den Leuten umbgangen waren/ so ist doch solches nur auf der Seiten am Meer geschehen/ da sie so übel/ als sie nur gekönt/ hauß gehalten. Aber dieser übertraff in seiner Tyranney alle die/ so für ihm in diese Gegend/ und auch in alle Jnsel kommen waren/ wie abscheulich und grausam auch solche gewüt hätten. Er verherget nicht allein die Gegend am Meer/ sondern kehret auch grosse Länder und Königreich umb/ und stürꜩet unꜩehliche Seelen in die Höll hinein. Er streiffet viel Meil in das Land/ über Darien/ biß an das Königreich und Länder Nicaragua/ welches über 500. Meil sind/ und eines so fruchtbaren Bodens/ als in der Welt zu finden/ darinnen viel grosse Herren / Stätte / Flecken und Dörffer / so alle Goldreich/ wohnen. Man hat auch nirgend so viel Gold an einem Ort / als in dieser Gegend gefunden. Dann wiewol Hispania gleich voll Golds/ so auß der Jnsel Hispaniola kommen war/ so ist doch solches allein von den Jndianern in den Goldgruben gegraben worden/ welche bald erschöpfft/ und die Jndianer drüber umbkommen sind.

Dieser Gubernator erfund neue Marter / das Gold von den Jndianern zu bringen. Seiner Hauptleute einer hat auf einem Streiffen/ so er auß Befehl deß Obersten gethan/ über 40000 Seelen umbgebracht/ die er ermordt/ verbrennt/ den Hunden fürgeworffen/ und auf allerley Weg genartert hat/ welches dann ein Barfüsser Mönch mit Namen Franciscus von S. Roman/ der mit ihm gezogen/ mit seinen Augen gesehen/ und deß Zeugnüß gibt.

Die schädliche Blindheit/ welche alle die besessen/ so in Jndia geregirt/ under dem Schein/ wie ihnen dieser Leut Heil und Seligkeit zum hefftigsten angelegen (welche sie doch in der That niemals geachtet/ noch sich darumb angenommen haben: Mit dem Maul haben sie wol als Gleißner / fälschlich eines gesagt/ aber ihr Herꜩ hat viel ein anders gedacht) solche Blindheit/ sag ich

C ij

Spanischer
Proceß und
Edict von Bekehrung der
Indianer zum
Christenthum
Christi Befehl durchaus
zu wider.

ich/ist so weit kommen/ daß sie befohlen/ man solte den Indianern gebieten/
daß sie den Christlichen Glauben annehmen/und sich unter den Schutz deß
Königs von Castilien wenden und begeben solten / oder man wolte sie mit
Feuer und Schwerdt heimsuchen/gar umbbringen/und in ewige Dienstbarkeit stossen/rc. Gleich als wann es der Sohn Gottes (welcher alle Menschen zu erlösen gestorben/geboten hätte/da er sagt:Gehet hin und lehret alle
Heiden/daß man es den Heiden/die friedlich in ihrem eigenen Land lebten/
gebieten solte / auch so sie es nicht ohn andere Ankündigung und Predigten
annehmen/und sich alsbald under eines Königs Gewalt/den sie nie gesehen/
oder von ihm jemals gehört hatten/ und dessen Botten und Außgesandten
so tyrannisch/ ohn alle Barmhertzigkeit und Mitleiden wären / ergeben/daß
sie darumb alsobald ihrer Güter und Land/ihrer Freyheit/ihrer Weiber/ihrer Kinder/zusampt ihres Lebens verlustig seyn solten? Welches gewiß ein
unbillische Sach/und alles Spotts und Vermaledeyung wol werth ist.

Boßhafftiger
und trüglicher
Schein die
Indianer zu
überfallen
und plündern.

Also befahle dieser elende boßhafftige Gubernator(dann er solches außzurichten auf sich genommen / und diesen Schein/ als wann er recht wäre/ erdacht/der doch an ihm selbst wider alle Recht und Billickeit) oder haben es
viel mehr seine Mörder / die er solches zu verbringen geschickt/für sich selbst
gethan/daß wan sie ihnen fürgesetzt/ein Ort/da sie Gold und eine gute Beut
zu erlangen/zu überfallen/da die armen Indianer sich nichts weniger versahen/ sondern in ihren Häusern ruhig waren / so zogen die Hispanier wie

Stumpffe und
hinderrückliche
Ankündigung
gegen den Indianern.

Dieb und Mörder biß auf eine halbe Meil an die Statt/Flecken oder Dorff/
und da allein abgesondert/bey nächtlicher Weil richteten und rufften sie ihren Befehl auß/auf diese Weiß : Ihr Caciques Indianer auf dem Fünffsten Land/dieses oder jenes Orts / wir verkündigen euch/daß allein ein Gott/
ein Pabst. und ein König in Castilia ist/welchem Herren diese Länder zugeeignet sind/kommet alsbald und huldiget ihm/rc. Wo ihr es underlassen werdet/so solt ihr wissen/daß wir euch bekriegen/erwürgen/und zu leibeignen Leuten machen wollen. Gegen Tag nun umb die vierdte Wacht / wan die armen

Das heißt Vogel friß oder
stirb.
Unversehener
Überfall der
Indianer.

Indianer/sampt ihren Weibern und Kindern noch im besten Schlaff waren/so überfielen die Tyrannen dasselbige Ort/und steckten die Häuser/so gemeiniglich nur von Schilff und Stroh/mit Feuer an/ und verbrenneten also Mann und Weib sampt den Kindern/ ehe sie gewahr wurden/ daß Feind
für handen waren. Was ihnen gefiel/brachten sie flugs umb. Die sie aber gefangen nahmen / marterten sie so jämmerlich/ allein zu erfahren/wo sie mehr

Spanier marteren die Indianer umb Golds
halben.

Golds/als man bey ihnen gefunden/hätten/ daß sie davon sturben: Denen
sie das

sie das Leben liessen/ die brenneten sie mit heissen Eisen/damit man sie als
leibeigene Knecht zu erkennen. Wann nun das Feuer erloschen war/suchten
sie das Gold in den Häusern.

Auf diese Weiß hat dieser verfluchte Mensch mit allen bösen Christen/die
er vom 1514. Jahr an/ biß auf das Jahr 1522. aufgebracht/ gehalten/ und
schicket er allzeit seiner Diener 6.oder mehr mit/ auf daß er desto mehr Beut
in der Außtheilung derer/ so man also zu leibeignen Knechten machte/bekä-
me. Dann von allem Gold/ Perlen/ Edelgesteinen und andern/muste man
ihm also eben seinen Theil als General Obersten/ wegen seiner Diener/ die
er mitschicket/auch von jedem noch ein Theil geben.

Deßgleichen Gebrauch hielten auch die andern Officirer deß Königs/
und schickte ein jeder soviel seiner Knecht/ als er möcht/ und auch der ander/
so der erste Bischoff in diesem Königreich hat seyn sollen/schickte seinen Diener mit/daß er auch sein Theil von den Leuten haben möchte.

Sie haben zu der Zeit/ in diesem Königreich mehr Golds/ als 10. mal
100000.Ducaten (ja ich sage zu wenig) gestohlen/ und findet sich in der
Rechnug/daß sie von diesem allem nicht mehr als 3000. Castillaner ihrem
König geschickt haben/dargegen sie über 8. mal 100000.Seelen erwürgt
haben.

Die andere tyrannische Amptleute/ welche nach diesen ankommen/biß
auf das Jahr 1533. haben nachfolgende umbgebracht/ und durch die ihrige
umbzubringen zugesehen/was noch übrig gewesen/mit so harter tyrannischer
Dienstbarkeit/haben sie die Leut geplagt und überladen.

Unter andern unzehlichen Gubenstücken/ die dieser Gubernator began-
gen/oder von denselben zu geschehen gestattet hat/ist auch dieses: Ein Cacique oder Landherr/hatte ihm entweder gutwillig/ oder / welches glaublicher/
auß Forcht darzu gedrungen/am Gewicht 9000. Ducaten schwer Gold geben. Aber daran waren die Hispanier nicht vergnügt/ sondern fiengen diesen
Herrn/und bunden ihn an einen Pfal/und also muster auf der Erden sitzen/
mit außgestreckten Füssen/und machten an die Fußsohlen Feuer/ durch diese
Marter mehr Gold von ihm zu bringen. Dieser Marter zu entfliehen/schick-
te dieser Herr in seine Wohnung/und ließ noch für 3000.Castillaner Gold
holen/aber sie marterten ihn nur hefftiger. Wie er nun nichts weiter geben
wolt/oder vielleicht nichts mehr zu geben hatte/hielten sie ihm die Füß in das
Feuer/so lang/biß das Marck durch die Fußsohlen heraus drange/und muste
dieser elende Herr in dieser Marter also sterben.

C iij Solche

Praetext der
Spanischen
Befelchleute
auf der Frey-
heit.

Der erste
Spanische
Bischoff im
Jnsvesten
Land nennbt
auch außbeut.
Spanier schi-
cken ihrem Kö-
nig das gerings-
ste von der
Außbeut.

Neue Spani-
sche Officirer
tyrannischer
als ihre Vor-
fahren.

Greuliche
Marter eines
Jndianischen
Landherrn
Gold von ihm
zu pressen.

Spaniſcher
Proceß Gold.
von den In-
dianern zu
bringen.

Solche Marter haben ſie ſehr viel gegen den gröſſen Herren in dieſen
Ländern gebraucht / Gold nach ihrem Willen herauſzubringen / daran ſie
doch endlich ſterben müſſen.

Spanier rau-
ben den Indi-
anern jhre Wei-
ber Jung-
frauen.

Ein anders: Als ein Rott Hiſpanier etwas weit vom Hauffen auf die
Beut auſzgezogen waren / kamen ſie an ein Gebirg / darauf ſich viel Indianer / der Hiſpanier Wüterey und Toben zu entfliehen / mit Weib und Kindern verkrochen und verſteckt hatten / an welche ſie alsbald ſetzten / und fiengen bey 60. oder 80. Weiber und Jungfrauen / als ſie die übrigen umbbracht
hatten. Deß andern Tags verſamleten ſich viel Indianer / und zogen den
Hiſpaniern nach / dann ſie gern jhre Töchter und Weiber wieder gehabt
hätten.

hätten. Wie nun die Hispanier sahen/daß ihnen die Indianer auf dem Hal-
se lagen/wolten sie ihren Raub nicht auß den Händen lassen / und konten sie
doch nicht davon bringen/derowegen und ehe sie solche liessen/erstachen sie sie
alle/daß nicht eine lebendig blieb. Davon den Indianern solches Hertzenleid
zugefügt wurde/daß sie vor Aengsten ihre zerissen / und schryen jämmerlich
und erbärmlich: O ihr verfluchte Leut/ O ihr wütende Hispanier/ bringt ihr
auch die Iras umb/ (auf ihre Sprach heissen Iras Weiber) als wolten sie
sagen: Weiber ermorden ist eine That abscheulicher Menschen / die ärger
dann Thier sind.

(marginal: Spanier oder stechen die entführt Weibsbilder.)

(marginal: Zettergeschrey der Indianer über die Spanische Wüterey.)

    Etwan auf 10. oder 15. Meil von Panama wohnete ein grosser Herr/
mit Namen Pariß/ welcher viel Golds hat. Die Hispanier ziehen dahin / werden von genantem Herrn/als seine Brüder wol empfangen/ und
schencket er dem Hauptmann für 50000. Castilianer Gold. Weil er nun
eine solche grosse Summa Golds freywillig gibt / schliessen die Hispanier/ er
müsse einen grossen Schatz haben/der ihnen ihre Mühe und Arbeit bezahlen
könte/derhalben stellen sie sich/als wolten sie wieder wegziehen/aber umb die
vierdte Wach gegen Tag kommen sie wieder/stecken den Ort mit Feuer an/
und bringen ihrer viel umb/ und bekommen also noch Gold/ welches in 50.
oder 60000. Castilianer werth war. Der Cacique kombt davon/und samlet
so viel seines Volcks/als er kan/mit welchen er den Hispaniern (die ihm über
die 100000. und 30: in die 40000. Castilianer entführt hatten) nacheilt/
und ereilt sie am dritten oder vierdten Tag/greifft sie getrost an/und erschlä-
get über die 50: Hispanier/und erobert sein Gold alles wieder/ die andern Hispanier gaben die Flucht / und bringen nur gute Püffe und Schläge zur
Beute davon.

(marginal: Spanier plündern einen Indianischen Herrn gantz hinterrücks ischer Weise.)

(marginal: Cacique Paris sagt den Hispaniern das geraubte Gold wider ab.)

    Hernach aber haben sich die Hispanier mit gantzer Gewalt wider diesen
Cacique gesetzt / und ihn sampt einer grossen Meng umbbracht/welchen sie
aber das Leben geschenckt/müssen ihre ewige Dienstbarkeit tragen. Und ist
heutigs Tags gar kein Gemerck / daß ein Volck/ oder ein lebendig Mensch
dieser Orten gewohnt hätte/da doch diese Gegend zuvor gar volckreich gewe-
sen/und viel grosse Herren gehabt / jetzt ist sie auf 30. Meil gar öde und verwüst. Aber wer achtet das Morden/das dieser elende Mensch mit seinen Gesellen in diesen Königreichen/die er öfter und und verwüst/begangen hat?

(marginal: Spanier bringen den Cacique Paris umb.)

(marginal: Das Indische Land gar öde ser durch die Spanier.)

Von dem Land Nicaragua.

JM Jahr. 1523. hat dieser Tyann fortgefahren/und das fruchtbare Land
Nicaragua überzogen/dahin ihn alles Unglück geführet hat. Es ist in
kein

(marginal: Lob deß Lands Nicaragua)

kein Mensch der die Fruchtbarkeit/ gute Lufft/ Uberfluß und die Menge der Einwohner dieses Lands gnugsam rühmen und loben möge. Auch ist es wunderbar zu sehen gewesen/ wie Volckreich es nur gewesen ist. Es seyen Stätte und Ort zu 3. oder 4. Meilwegs lang/ da allerley Früchte gewachsen/ darinnen gelegen/ und diese Fruchtbarkeit hat verursacht/ daß so viel Volck bey einander hat wohnen können.

Nicaragua ein eben/ gut und lustig Land.

Dieses Land ist gar eben und flach/ und hat gar kein Gebirge/ darinnen man sich erhalten möge/ sondern weil es ein gut und lustig Land/ haben es die Einwohner nicht verlassen können/ und darüber so grosse Verfolgung auffgestanden/ und alles/ so ihnen möglich gewesen/ von den Hispaniern gelidten. Dazu ist diß von Natur ein friedlich und einfältig Volck.

Nicaraguaner ein friedlich Volck.

Derhalben hat dieser Tyrann/ wie er dann auch in andern Ländern gethan/ angefangen sie zu plagen/ zu ermorden/ und viel Jammer darin gestifft/ daß nicht möglich ist/ daß es eines Menschen Zuge außrede.

Der Spanische Gubernator läst die Nicaraguaner umb geringer Ursachen willen jämmerlich sich erwürgen.

Er hat erstlich 50. Pferd darein geschickt/ die alle so sie angetroffen/ umbgebracht (diß Land ist grösser als die Graffschafft Roussilloci) niemands geschonet/ weder Alt noch Jung/ weder Mann noch Weib/ und solches umb leichtliches Gebrechen/ als wann sie nicht flugs da sind gewesen/ wann er sie gefordert hat/ oder wann sie nicht so viel Last Maltis/ das ist/ so viel Getreid gebracht/ als er begehrt/ oder aber/ wann sie nicht so viel Indianer ihm und den seinen zu dienen geschickt/ als er hat haben wollen. Dann weil das Land eben/ hat niemand von ihnen den Pferden und seinem teuffelischen Zorn entgehen können. Er schickt seine Hispanier auß zu streiffen/ das ist so viel als rauben/ und gab zu/ daß solche Rauber/ so viel sie nur wolten von den Indianern/ die dann friedlich lebten/ mit sich führeten/ die sie zu ihrem Dienst/ an statt der Thier gebraucheten. Und solche schmideten sie an Ketten und

Spanier brauchen die Indianer an statt der Thiere ihre Last zu tragen.

Halseisen/ daß sie die Last/ welche sie innen auffluden/ nicht von sich würffen. Dann ein jeder über 80. Pfund schwer tragen muste/ und hat sich mehrmals begeben/ daß von 4000 Indianern nicht 6. wieder lebendig heimkommen sind/ dann sie als zarte/ weiche/ unarbeitsame Leut auf dem Weg dahin fielen und sturben. Wie sie nun müde wurden/ und wegen der Last/ so sie tru-

Spanier hauen den krafftlosen Indianern die Köpffe über den Halseisen ab.

gen/ nicht mehr fort konten/ oder so sie kranck und von Hunger oder Durst gantz krafftloß wurden/ auff daß sie führeten/ in der Eil die Ketten nicht dörfften auffschliessen/ und desto ehe davon kämen/ hieben sie den armen krafftlosen Indianern die Köpff über dem Halseisen ab/ daß der Kopff also auf eine Seyten/ und der Leib auf die ander fiel. Da mag man betrachten/

was

was die andern müssen für Gedancken gehabt haben/ wann es also zugangē
ist. Darumb wann man sich auf solche Reisen rüstete/huben die Indianer
an zu seuffzen und zu weinen/ dann sie wol sahen/daß niemand wiederkam/
und sagten mit jämmerlichem und erbärmlichen Klagen; Ach das sind die
Wege/ darauf wir den Chrissten dienen sollen / und wann wir gleich sonsten
es uns lassen sauer werden und arbeiten/auch weit reisen/ so kämen wir doch
endlich/ nach etlicher Zeit wieder heim/ zu unsern Weiber und Kindern/aber
jetzt müssen wir fort/ und haben keine Hoffnung / daß wieder heimkommen/
und sie wieder sehen/und bey ihnen bleiben möchten.

Indianer jämmerliche Klag über die Spanier.

Als auf eine Zeit dieser Tyrann eine neue Außtheilung der Indianer an
stellen wolte/ (dann es ihm also gefiel/ oder viel mehr/ wie man sagte/daß er
denen/so er ungnädig und auffsätzig ware/ihre Indianer nehme/und denen/
so er wolte/zutheilete) hat er dadurch Ursach geben/daß die Indianer ein gantzes Jahr lang nichts außgesäet haben. Wie nun Mangel an Brod fürfiele/
nahmen die Hispanier den armen Indianern ihr Maitis oder Getreid/da-
von sie sich und ihre Kinder zu erhalten/genehret hatten. Musten also mehr
als 3000.Seelen hungers sterben. Und hat sich zugetragen/ daß ein Weib
von Hunger gar rasend ihren eigenen Sohn umbbracht/solchen zu essen.

Spanier ver hindern den Feldbau in Indien.

Spanier bringen mehr als 3000. Indianer Hungers umb.

Ein Weib er würget und isset ihr eigen Kind.

Alle Städte und andere bewohnte Oerter / so die Hispanier under ihren
Gewalt gebracht/sind wie schöne wolgerichte Lustgärten gewesen/und hielten sich nun die Hispanier darinnen/ein jeder an dem Ort/so ihm zugetheilt/
oder wie sie sagten/befohlen war. Allda schickten sie sich in die Nahrung/und
verhergeten also der armen Indianer Güter und Einkommen: Sie nahme
ihnen auch was sie noch für sich behalten hatten/sich davon zu nehren. Und
musten also den Hispaniern in ihren eigenen Häusern unterthänig seyn. Alle Herren/ Mann/ Frauen und Kinder/ welche ihnen Tag und Nacht ohn
einiges Nachlassen/ zu dienen gedrungen/ja auch die Kinder/so bald sie nur
lauffen und gehen kunten/musten arbeiten. Man leget ihnen aber solche
schwere Arbeit auf/ die sie keines wegs ertragen oder verrichten konten oder
möchten.

Spanier plün dern und be zwingen die Indianer in ihren eigenen Häusern.

Indianer durch unmäs sig Arbeit abgemattet und außgetilget.

Also haben sie verzehrt und abgemattet / verzehren und matten noch ü-
was übrig ist/un lassen ihnen nichts eigens/weder Häuser noch sonst etwas.

Sie haben auch in deme sich an diesem Ort tyrannischer und grausamer
erzeigt/als in der Insel Hispaniola. Dann sie ein überauß grosse Menge dermassen mit Fleiß abgemattet/ und dazu geholffen/daß sie desto ehe gestorben
sind / in dem sie haben Bretter und andern Zeug biß an den Anfuhre od x

Mancherley tyrannische Weise die Indianer außzu rotten.

D   Port

Port/ wol 9. Meilwegs tragen müssen: Schicken auch solche auß/ Wachs und Honig in den Gebirgen zu suchen und zu holen/ da dann ihrer viel von den Tiegerthieren sind zerrissen worden. Von solchem Esellast zu tragen/ seynd auch die schwangern Weiber und Sechswöchnerin nicht gefreyet gewesen.

Die gröste Verderbnuß/ so diese Länder nicht anders als ein Pestilenz eröset/ ist gewesen/ daß der Gubernator den Hispaniern zugeben und gestatt hat/ von den Caciques und Herren im Land/ leibeigene Knecht oder Sclaven zu fordern. Und solches geschahe alle vier oder fünff Monat ein mal/ oder auch so offt es von den Obersten oder Gubernator möchte erlanget werden Und gab man jeden fünfftzig/ so es nicht geschahe/ brachten sie solche mit Drauworten herauß/ sie wolten sie lebendig verbrennen/ oder die Hund zerreissen lassen. Es pflegen aber die Indianer keine Sclaven zu halten/ und ist viel/ so ein Herr oder Cacique derer drey oder vier hat. Derhalben nahmen sie erstlich die Weisen von ihren Underthanen/ hernach welcher 2. Kinder hat/ muste eins geben/ welcher 3. muste 2 geben. Also muste der Cacique die Anzahl/ so der Tyrann fordert/ zusammen klauben/ nicht ohne jämmerliches Wehklagen/ Heulen und Weinen deß gemeinen Volcks/ dann sie ihre Kinder sehr lieb haben.

Weil nun solches offt geschahe/ haben dadurch vom 1523sten Jahr/ biß in das Jahr 1533 diß gantze Königreich erösiget. Dann 6. oder 7. Jahr nach einander allweg 6. Schiff auf einmal mit einander dahin fuhren/ welche also grosse Anzahl dieser Indianer aufludē/ verkaufften hernach solche zu Panacha in Peru/ da sie dann alle gestorben sind. Dann das ist nun wol mehr als tausendmal erfahren worden/ daß wann die Indianer auß ihrem Vatterland/ darinnen sie gebohren/ geführt werden/ sie nicht lang dauren/ sondern bald sterben. Dazu gibt man ihnen wenig/ und nicht allzeit zu essen/ aber von der Arbeit erlässet man ihnen gar nichts/ dann man laufft sie nur der Arbeit wegen.

Auf solche Weiß haben sie auß diesem Lande mehr als fünffmal hundert tausend Seelen geführt und verkaufft/ welche alle frey gewesen/ als ich oder du seyn mögen. Durch den teufflischen Krieg aber/ so die Hispanier gegen sie geführt/ und durch die greuliche Dienstbarkeit/ darein sie gestecket worden/ haben sie wol fünfftzig oder sechtzig tausend Menschen umbbracht/ und bringen derer täglich noch mehr umb. Diß Morden und Würgen hat fast nun in die 14. Jahr gewähret. Es mögen jetziger Zeit in diesem gantzen

Land

Land Nicaragua etwa noch 4. oder 5000 Menschen übrig und im Leben Nicaragua
sind / welche doch täglich durch die grosse Dienstbarkeit und andere Weg von Inwoh-
umbkommen und dahin sterben / so doch diß Land so volckreich als eines in nern gar erö-
der Welt / wie oben gemeldt / gewesen ist. set.

Von dem Land das neue Hispania genant.

JM Jahr 517. ist das Land / so jetzt neu Hispania heisset / erfunden Neu Hispania
worden / und haben sich in solcher Einnehmung viel grosser Unord- wann es er-
nung und Mord zugetragen / durch die / so in diesen Zügen gewesen. funden.
Im Jahr 1518. seynd die Hispanier darein kommen / die sich zwar Christen
zu seyn rühmeten / und haben darumen nur gestohlen und gemordet / ob sie
wol das Land mit Volck zu besetzen fürgaben.

Von diesem 1518. Jahr an / biß auf das Jahr 1542. ist die Ungerechtigkeit Gottesforcht
und Tyranney der Hispanier in India fast auf daß höchste gestiegen. Dann bey den Spa-
die Hispanier die Forcht Gottes durchauß verlohren / gegen welchem und niern gar verr
ihrem König sie sie gar / ja auch gegen sich selbsten / vergossen. Dann das loschen.
verwüsten / das wüten / das verhergen / das verstören der Stätt / das plün- Wüterey der
dern und rauben / das Gewalt üben und Tyranney / das in so grossen und vie- Spanier von
len Königreichen von den Hispaniern begangen und geübt worden / ist so Tag zu Tag
groß und erschröcklich / daß was zuvor von ihnen gemeldt / nichts gegen dem / grösser und
so von ihnen von dem 1518. biß auff das 1542. gelibt worden ist. Und noch hefftiger.
in diesem Monat Septembri üben sie die abscheulichsten und grausamsten Regel von der
Thaten. Daß also die Regel von ihnen wahr ist / nemlich / daß sie von Anfang Spanier ver-
je länger je ärger worden sind / und haben sich selbst in Tyranney und teuff- besserung.
lischen Thaten übertroffen.

Hat also von dem ersten Einfall der Hispanier / in diese neue Hispania / Spanisch
welches geschehen ist den 18. April. deß 1518. Jahrs / biß auß 1530. Jahr / daß wüten und
12. gantze Jahr sind / daß morden und würgen / so die Hispanier ohne Under- würgen in neu
laß mit ihren blutigen wütenden Händen getrieben haben / auf 450. Meil Hispania 12.
in die Ende umb Mexico / und den andern nach gelegenen Ländern / gantze Jahr
darinnen vier oder fünff grosse Königreich Raum haben / und so groß und lang.
viel fruchtbarer / als gantz Hispania / nie aufgehöret. Diese Länder sind Neu Hispania
auch viel volckreicher gewesen als Toledo und Sevilien / Valladolit und sehr volck-
Saragossa / auch Barzelona darzu gerechnet / dann in diesen jetzt genanten reich.
Stätten allen ist nie so viel Volcks gewesen / da sie in der besten
Blühe gestanden / als in diesem Land von den Hispaniern verwüstet / ge-

D ij

funden

Spanier haben in 12. Jahren in new Hispanien über 4. Million Menschen umbgebracht.

Spanier tyrannischer als die Türcken.

Spanische Würgerey kein Aufhören.

Spanische Tyranney unaussprechlich und unbegreifflich.

funden worden sind / so in ihrem Umbfang mehr als 1800. Meil begriffen. Diese 12. Jahr über haben die Hispanier in obgemeldten 450. Meilen Landes / Mann und Weib / Jung und Alt / mehr als 4. Million Seelen / durch Schwerdt und Feuer hingericht / und solches weil ihr Einnehmen / wie sie es nennen / oder viel rechter zu heissen / weil ihr tyrannische Grausamkeit und Überfallen / welche nicht allein durch die Gebott Gottes verflucht und verdampt sind / sondern durch alle Weltliche Recht verboten werden / ja welche ärger sind / als deß Türcken Wüten / dadurch er die Christliche Kirche gern wolt underdrucken / gewehret und Raum gehabt. Darein aber nicht gerechnet sind die jenigen / welche sie hernach umbgebracht haben / und noch täglich umbbringen / morden und würgen / durch die unträgliche Last der Dienstbarkeit / darinnen sie die armen Leut halten und zwingen.

Es ist keine Zung / die es aussprechen / auch kein Verstand / Witz / oder einige menschliche Weißheit / die ga begriffen / oder alle erschröckliche Thaten nacheinander erzehlen könte / die diese Feinde gemeines Nutzes / ja Erbfeinde deß Menschlichen Geschlechts / die Hispanier in gemein / überall / und an underschiedlichen Orten und Zeiten / in oberzehltem Umbgriff begangen haben. Es mögen auch ihre Thaten / wegen der Umbstände / die sie viel abscheulicher machen / nicht wol erzehlt und erklärt werden / man gebrauche gleich was für einen Fleiß / Mühe / Arbeit / Zeit und Schreiben dazu als immer möglich. Jedoch will ich nur etwas wenig melden / mit der Protestation und Betheurung / daß ich von tausenden nicht eine erzehle:

Von der neuen Hispanien.

Cholula ein sehr grosse Statt.

UNter andern Mörden und Todschlägen haben sie in einer grossen Statt Cholula genant / darinnen über 30000. Feuerstätte / auch diß begangen. Als fast alle Herren im Land / und in derselbigen Gegend / fürnemlich aber ihre Clerisey / sampt ihrem Pabst / in der Procession den Hispaniern entgegen giengen / solche mit sonderlicher Freud und Gepräng anzunehmen / und sie also / biß mitten in die Statt / da sie sie in der Fürnehmsten Häuser zu beherbergen einführeten / alsbald bedachten sich die

Spanier nennen ihre Blutbad Züchtigung.

Spanier gebrauchen und durch tyrannische eine Forche zu machen.

Hispanier auf ein Blutbad / oder wie sie es nenneten / auf eine Züchtigung / damit in allen Winckeln desselben Lands eine Forcht und Schrecken ihrer Wüterey halben käme. Dann das ist ihr stäter Gebrauch / wann sie in ein Land kommen / heben sie alsbald an zu morden und würgen / auf daß die arme Leut / wie demüthige Schäflein / auß Förcht für ihnen zittern und beben.

Erste

Erstlich liessen sie alle fürnehme Herren der Statt / und den Adel auf
dem Land / sampt ihren Oberherren zu sich fordern. Wie nun solche alsbald
kommen / den Hispanischen Hauptmann / was sein Begehren / anzuhören /
seynd sie / ehe sie die andern Merckung oder Zeitung davon bringen können /
alle gefänglich angenommen worden. Es wurden von ihnen 6000. Indianer begehrt / daß sie der Hispanier Geräth und Plunder trugen / solche kamen
alsbald / und wurden in der Häuser Höfe versamlet. Es war ein Jammer
anzusehen / wie sich diese arme Leute stelleten / der Hispanier Last zu tragen.
Sie kamen gar nackend / allein die Scham war bedeckt / und hatte ein jeder
ein wenig Proviant in einem Netz auf dem Rücken. Sie legten sich gar nieder für den Hispaniern / wie die gedultigen Schäflein warteten sie / wann
man sie abmetzeln wolte. Wie sie nun alle / sampt andern in dem Hof beysammen waren / verlieffen etliche Hispanier in ihrer Rüstung die Thüren /
die andern schlachteten die arme Schaf ab / stachen mit Spiessen in sie / und
schlugen mit den Schwerdtern drein / daß also nicht einer mit dem Leben davon kam / als nach zweyen oder dreyen Tagen / thäten sich etliche herfür / die
unter den Todten sich verhalten hatten / und kamen weinend und heulend
für die Hispanier / und baten umb Gnad und Fristung ihres Lebens / aber da
war keine Barmhertzigkeit zu erlangen / sondern wurden alle auf Stücken
zerhauen. Die grosse Herren / deren mehr als 100. waren / wurden gebunden
und gefangen gehalten / welche der Hauptmann befahl / man solte sie an Pfäl
binden / und also lebendig verbrennen. Aber einer auß ihnen / welcher auch der
Fürnehmste / und wie ein König im Land / kam mit ihrer 40. davon / und ent-
ran in eine Kirche / welche wie eine gebaute Veste / und in ihrer Sprach Quu
genennet war / allda wehrete er sich fast einen gantzen Tag. Aber die Hispanier / welchen nichts entrinnen mag / sonderlich den Kriegsleuten / worffen
Feuer in diese Kirche / und verbrenneten also alle / die darinnen waren / welche ein erbärmlich Geschrey hielten / und sagten: O ihr argen bösen Leut / was
haben wir euch doch übels gethan? warumb ermordet ihr uns doch? Ziehet
nur hin gen Mexico / da unser Oberster Herr Montecuma uns wol an euch
rächen wird. Man sagt / da die Hispanier unden im Hof dieses Blutbad angericht und verbracht haben / sey ihr Hauptmann gar frölich gewest / und ge-
sungen: Mira Néro de Trapeia à Roma como se ardia gritos dán nin-
nos y viejos it el de nada se dolia, das ist: Nero vom Berg Trapeia sahe
das Feuer / von ihm zu Rom angesteckt / Jung und Alte führeten ein groß
Heulen und Jammer / aber sein Hertz wurde dadurch zu keiner Erbärmnuß
bewegt.

D iij   Sie

Spanier nehmen zu Cho-
lula die fürnehmsten In-
dianische Herren gefangen.

Indianer Demut gegen den
Spaniern.

Erschröcklich Spanisch
Blutbad zu Cholula.

Spanier lassen die In-
dianische Herren leben-
dig verbrennen.

Spanier verbrennen einen
Indianischen König in ei-
ner Kirchen.

Erbärmliche Klag der In-
dianer über der Spanier
Blutdürstigkeit.

Spanischen Hauptmanns
Neronisch Freudenge-
sang über die verbrennten
Indianer.

Spaniſch
Blutbad zu
Tepeaca.

Sie ſtiffteten aber noch ein gröſſers Blutbad in der Statt Tepeaca/ welche gröſſer war/und auch ein gröſſere Anzahl Häuſer und Volck darinnen/als in obgemeldter. In dieſer Statt brachten ſie unzehliche Menſchen umb/deren Umbſtänd zu erzehlen/grauſam wäre.

König zu Mexico empfähet
die Spaniſche ſtattlich.

Von Cholula zogen ſie auf Mexico. Der König Motencuma ſchickt ihnen wol tauſenderley Geſchenck entgegen / und viel ſeiner groſſen Herren und Diener/die auf dem Weg allerley Luſt und Kurtzweil anrichteten. Da ſich der Tham nach Mexico zu/welcher auf 2. Meil währet/ anfänget/ kam ihnen deß Königs leiblicher Bruder mit viel andern groſſen Herren entgegen/die da herliche Verehrung von Gold/ Silber und Kleidern brachten/

da ſich

da ſich aber die Statt anfänget / wartet der König ſelbſt / ſampt ſeinem gantzem Hofgeſind auf ſie / man trug ihr in einer Sänfften.

Und beleitet er die Hiſpanier biß an das Pallaſt / das er ihnen hat laſſen
zurichten. Nach dieſem Tag / wie ich von etlichen / die dabey geweſen / be-
richtet worden / haben ſie den groſſen König Moteneuma / durch ſonderliche
Hinderliſt / als er ſich deſſen gar nicht beſorgt / gefangen / und ihrer 80. zu ver-
wahren geben / und hernacher ihm eiſerne Feſſel an die Füß gelegt. Aber davon / weil es viel in ſich hält / will ich auf dißmal ſtillſchweigen / und will nur
eine überauß tyranniſche That / welche zuvor überkundbar iſt / erzehlen.

König zu Me-
rico von den
Spaniern hin-
derliſtiger wei-
ſe gefangen.

7

Als

Oberauß ty-
rannische
That der
Spanier.

Spanier jagt
männiglich
durch ihre Ty-
rannen Forcht
und Schreck
ein.

Indianer hal-

Als der Hiſpanier Obriſter Hauptmann nach dem Anfuhr deß Meers
gezogen/ allda einen andern Spaniſchen Hauptmann / der wider ihn war/
und ihn bekriegte/ zu überfallen/ hat er weil einen Hauptmann/ dem er ein
wenig mehr als 100. Soldaten zugeben / den König Motencuma zu bewa-
chen / hindersich gelaſſen. Dieſer ſampt ſeinen Soldaten beſchloß ein ſolche
That zu begehen/ auf daß an allen Orten/ der Schreck und Forcht von ihnen
deſto gröſſer würde / in maſſen ſie dann ſolche Practiken und Liſt / wie ich zuvor gemeldt/ hin und wieder offt und viel gebraucht haben.

Unter deß erachteten die Indianer / beyde das gemeine Völck/ und auch
die groſſen Herren/ auf nichts anders / als wie ſie ihren König und Herrn

der da gefangen/ die Weil kurz machen kundten. Und unter andern Kurz-
weiln die sie ihm hielten/ waren ihre gewöhnliche Däntz/ die sie alle Abendt
auff den Eckern der Gassen und andern Plätzen hielten/ und heissen sie solche ihre Däntze auff ihre Sprach/ Mitotes. In den Insuln nennen sie dieselben Areitos: In diesen Däntzen zeigen sie alle ihre Schätz/ ziehen ihre beste
Kleyder an/ und suchen alles/ was sie erdencken können/ herfür/ dadurch jhre Fröligkeit zubeweisen. Die fürnembsten von Adel und von Königlichen
Blut hielten ihre Däntz ein jeder nach seinem Stand/ zu negst an dem Hauß
darinnen ihr König gefangen war. Gar nahe an diesem Pallast/ waren u-
ber zweytausent Jüngling alle grosser Herrn Kinder/ und der Kern deß A-
dels und Hofgesinds deß Königs Motencuma. Wider diese zog dieser Hispanische Hauptmann/ mit etlichen seiner Soldaten/ und schickte die andern
an andere Oerter der Statt/ da auch Däntz gehalten wurden/ und stelleten
sie sich/ als kämen sie nun ihren Däntzen zuzusehen. Ihr Hauptmann hatte
jhnen befohlen/ wenn er jhnen das Loß geben werde/ auff eine gewisse Stund
daß sie die Däntzer alle erstechen und erwürgen solten/ er wolte den Anfang
machen. Wie nun die Indianer sich dessen gar nicht versehen/ und nur auf
ihr Danzen achtung hatten/ hub der Hispanische Hauptmann an/ und
schry S. Thiage/ schlägt darein und würgt flugs dran: Und also fiengen sie
an/ diese zarte blosse Leut zuerwürgen/ daß auch nicht einer darvon kam/ die
andern an andern Orthen thetten deßgleichen. Solches hat das Königreich und alle Völcker darinnen/ in die eusserste Noth und Schrecken ge-
bracht/ daß weil die Welt stehen/ sie es nicht vergessen werden/ so sie anders
nicht gar außgerottet werden/ und pflegen in ihren Areitos und Däntzen
wie in Reymen/ diesen Jammer und Verlust ihres alten Adels/ dessen
sie sich denn sehr hoch und groß rühmen/ zubeweynen/ zubeklagen und
zubetauren.

Wie nun die Indianer einen so grossen tyrannischen Muthwillen/ deßgleichen nie gehört/ ohne einige Ursach/ an so viel unschuldigem Blut began-
gen/ höreten/ nach dem sie mit grosser Gedult ihres Königs unbillige Ge-
fängnuß getragen: Dann er jhnen gebotten hat/ sie solten die Hispanier zufrieden lassen/ entpöret und erhub sich die gantze Statt/ und fielen die Hispanier an/ wurden auch ihrer viel verwundt/ und entrunnen die andern kaum
in das Pallast. Da setzten sie dem gefangenen König einen Dolchen an das
Hertz/ und bedraueten ihn zuerstechen/ wo er sich nicht an das Fenster begebe
und die Indianer anschrye/ daß sie das Hauß zufrieden liessen/ und nicht

anfielen/

E

ten ihrem ge-
fangenen Kö-
nig Lustdäntze.

Indianer
Däntz.

Spannisch
Loß die Indi-
aner am tanz
ermürgen.

Spanier er-
morden auff
einmal etlich
tausent vor-
nemste In-
dianer unver-
sehener und
verschulter
Weiß am
Tantz.

Indianer eins
gehKlag uber
der Spanier
Mord thaten.

Gefangener
König beftih-
let dieSpani-
er zufrieden
zulassen.

Entpörung
der Indianer
zu Mexico wi-
der die Mör-
derische Spa-
nier.

Indianer wöllen auffs New widen Zug, weil Frid zu bott nicht geben.

anfielen/ und daß sie sich zur Ruhe geben. Aber die Indianer gaben nicht viel
drauff/ sondern beschlossen ein ander Haupt und Herrn zuerwehlen/ der
den Krieg führen solte. Weil aber in dem der Hispanische Hauptmann/
von der Anfurt deß Meers wider kam/ auch den Sieg erhalten hatte/ und
viel mehr Hispanier mit sich brachte/ als er weggeführt hatte/ wurde ein Tag
drey oder vier der Krieg gehindert/ biß daß er wider in die Statt kame.

Indianer treiben die Spanier in die Flucht.

Nach solchem versambleten die Indianer auff dem Land ein unzehlich Volck
und betrangten und trieben die Hispanier so weit/ daß sie zweiffelten/ es
würde ihrer keiner davon kommen. Derhalben sie in einer Nacht zu rath

Indianer recht mässig. Der sich ihrer Entpörung.

worden/ die Statt zuverlassen/ wie nun solches die Indianer gewahr wor-
den/ haben sie ihrer viel auff den Brücken/ uber das Gesümpff und Gemöß
hingerichtet/ und solches in einem auffrichtigen/ rechten und heiligen Krieg/
dazu sie/ wie gemeldt/ Ursach genug hatten/ und würde ein verständiger un-
parteyischer Mensch/ nicht anders davon reden können noch wissen. Wie

Spanier würgen und verbrennen grosse Herrn in Indien.

nun hernach die Hispanier sich wider zusamen gehalten/ haben sie deren sehr
viel umbgebracht/ und sehr viel von den grossen Herrn verbrennt.

Spanische Tyranney im Land Panuco.

Nach solchen abscheulichen Thaten in der Statt Mexico und andern
Stätten/ auch auff dem Land umb Mexico herumb auff zehen Meyl began-
gen/ ja auff fünffzehen in die zwantzig Meyl/ do dann sehr viel Volck umbkommen ist/ hat sich solche Tyranney noch weitter außgebreitet/ und hat diser Gifft und Pestilentz auch das Land Panuco ergriffen/ verwüstet und gar
erödiget. Es ist nicht zusagen/ was für ein grosse Welt Volck darinnen/ und
wie jämmerlich sie seynd ermordet und erwürget worden.

Spanisch würgen und morden unmüglich zuerzehlen.

Hernach haben sie auch zugleich verwüstet die Länder Tutepeque/ Jpil-
cingo und Columa/ da ein jegliches grösser gewesen/ und mehr Land begriffen als das Königreich Leon und Castilien. Es wurde einem schwer ja unmüglich werden/ alles erwürgen und morden/ und andere Tyrannische Tha-
ten/ darinnen begangen/ underschiedlich zusagen und zuerzehlen/ würde
auch den Zuhörern gar grossen Verdruß gebähren und machen.

Spanier gesucht/ r un gerechtmässiger Titel ihrer Wütterey wider die Indianer.

Hie ist zumercken/ daß der Titel und Schein/ unter welchem sie in
diese Länder kommen/ solche zuverwüsten/ und so viel arme unschuldige Indianer zuermorden/ und die Länder (welche billich denen/ so rechte Christen
seyn wollen/ weil sie so Volckreich/ eine sonderliche Freud hetten erwecken
sollen) zuverhergen angefangen/ gewesen ist/ daß sie sagten: Sie solten
sich alsbald ihnen ergeben: Dem König in Hispanien dienen/ wo nicht
so wolten sie sie todt schlagen und Leibeigene Knecht auß ihnen machen. Welche ſie

che nit nicht alsbald kamen / und so unbillichen Gebott Gehorsamb leisteten / und sich in so ungerechter / wüterischer und viehischer Leut Hände und Gewalt ergaben / schryen sie alsbald als Auffrührer auß / die sich wider Ihre Meyestätt setzeten / und für solche würden sie bey dem König unserm Herrn angeklagt. Die Blindheit derer / so uber India herrschen solten / kente das nicht sehen noch begreiffen / welches in jhren Gesetzen kläter / als kein anderer Grund in Rechten gelehrt würde. Nemblich / daß keiner für ein Auffrürer konte gescholten werden / er sey dann zuvor einem unterthan.

Rechte Christen und die da einen Verstand haben / wollen doch bedencken / ob solche Weg zuhandeln / eines Volcks Herr / daß in seinem Lande ruhig und unterrangt lebt / und das sonsten niemand unterworffen / weil es seine eigene Herrn hat / bewegen / und von seinem ersten Herrn flugs abwendig machen solle ? So man jhnen auff ein Eyl solche zuvor unerhörte Zeittung fürhält: Gebt euch unter den Gehorsam eines frembden Königs welchem jhr nie gesehen / noch von welchem jhr jemals gehört habt; Wo nicht / so wisset / daß wir euch zu stücken hauen wöllen. Und solches geschicht auch von jhnen / alsbald sie es nur gesagt haben / und welches noch abscheulicher ist / die so alsbald gehorsamen / müssen ein schwere Dienstbarkeit leyden / darinnen sie unglaubliche Arbeit thun müssen / und leyden schwerere Marter / Qual und Pein / als die durch das Schwert umbkommen Dann sie doch entlich / nicht allein sie / sondern auch jhre Weiber / Kinder und jhr gantz Geschlecht mit jhnen verschmachten müssen. Ich wil setzen / wenn gleich diese Leut oder andere / was für ein Volck auff der Welt sey / sich durch Drohen und Schrecken / gezwungen einem frembden König untergeben müssen: So gewinnen dennoch diese blinde / hochmütige und voller Teufflisches Geitzes / nicht ein Dinglein an den Rechten / weil solche Schröcken und Forcht auch die verständigsten und fürsichtigsten Leut bewegen könnten / und aber solches in allen Rechten nicht eine Krafft hat / als ein Handvoll Wind / die Sach dadurch zugewinnen: Es were dann / daß die Straff Verdammuß in der tieffen Höll jhrer wartet / sonsten gewinnen sie nichts Ich geschweig deß Schadens / so sie dem König thun / in dem sie so viel Königreicher gewinnen / und verwüsten / so viel an jhnen ist / als Recht / daß sie in allen Indien haben. Und das seyn die schönen Dienst / die die Hispanier geleistet haben / und noch täglich in diesen Ländern jhrem König und Herrn durch den schönen Titel / so der so wol geschmückt ist / leisten und uben.

Dieser Tyrannische Hauptman / hat unter gemeldten und billichen Titel zween andere Hauptleuth / welche gleich so arg als er / aber noch unbarm-

E 2

Indianer werden von Spaniern unbillich sur Auffrührer auß geschryen.

Keiner ist kein Auffrührer / er sey dann zuvor ein Unterthan.

Geschwinder Spanier beobachtender Proceß wider die Indianer.

Schwere Dienstbarkeit der Indianer unter den Spaniern.

Spanische beröblicher und gewaltmessiger Proceß allen Rechten zu wider.

Spanier verdienen die Höll an den Indianern.

Spanier verwüsten jhrem König alles was sich jmmer gewinnen.

Spanier dienen eignem König untreu.

Ein Spanischer Wüterich übertrifft ein ander gleich.

aer den andern an Tyranney. Königreich Guattimala Naco/Hon durae und Guaymira.

unbarmhertziger und grössere Tyrannen waren/außgeschickt/ die schönen fruchtbaren und Volckreichen Königreicher Guattimala/so gegen dem Meer nach Mittag/ und die Königreich Naco und Honduras oderGuaymira/ so gegen dem Meer nach Nord gelegen/ einzunehmen. Und Gräntzen solche miteinander 300. Meyl vonMexico einer zoo zu Land der andere zu Wasser auß/ und führet ein jeder viel zu Roß und zu Faß mit sich.

Eygentlich lob der Spanischen Tyrannischen Haupt leuthe. Spanischer Hauptmann ein Königreich Guattimala ein Ertzityrann über alle.

Ich kan es mit Warheit sagen/was diese zween für ubels gestifftet/und sonderlich der in das Königreich Guattimala gerathen / (Denn der ander starb bald eines schmählichen Tods) davon könte ein groß Buch geschrieben werden/ darinnen nur ihre Boßheit/ ihr Morden/ Verherung Lands und Leut/ und ihre Viehische Gewalt/ erzehlt würde/ dafür sich auch die jetzt leben und die Nachkommen billich entsetzen solten. Dann dieser Tyrann die andern alle/ so in grosser Anzahl für ihm gewesen und neben ihm noch seynd/ weit ubertroffen hat/ nicht allein in den abscheulichen Thaten/ von ihm begangen/ sondern auch in Verwüstung der Leut und Länder/ so er verherget und eröset hat/ und seyn solche seine Thaten unzehlich.

Indianer thun den Spaniern groß Ehr an.

Der auff dem Meer auß gezogen/hat auff dieser Seiten viel Raubens getrieben / und grausame Thaten gestifftet. Es zogen ihm etliche auß dem Königreich Jucatan / so auff dem Weeg ist nach dem KönigreichNaco und Guaymira/ dahin er wolte/ mit Geschenck und Verehrung entgegen. Als

Spanier brin gen die India ner umb.

er an sie kommen/ hat er seine Hauptleut und viel Volck in dieselbige Gegent geschickt/ welcher raubeten/ würgeten und umbbrachten / alles was sie nur ankamen. Sonderlich aber einer/ welcher sich wider diesen seinen Obristen

Spanische streisf uchten Guattimala. Spanisch stratagema.

Hauptman empörete/ derselbe zog mit dreyhundert Mann in das Land / gegen Guattimala / zuverheren und verbrennen alle Stätt/die er antraff/und plünderte was er konte. Solches thette er aber fürsetzlich / wol auff hundert und zwantzig Meyl Landes/ auff das die / so man ihm nach schickere / dz Land

Spanischer meuterischer Hauptman umb gebracht.

wüst und eröset funden/ und das sie durch die Indianer/ so entrunnen/wegen deß Schadens/ so er ihnen zugefügt/ erwürgt würden. Und wurde auch so wenig Tag hernach von seinem Obristen Hauptmann/ wider welchen er sich empöret/ umbgebracht.

Spanier ver kauffen die Indianer für Proviant.

Solche m seynd viel andere grausame Tyrannen in der Regierung gefolgt/ die unerhörte / erschröckliche / abscheuliche Thaten begangen/ und die armen Indianer dadurch in die eusserste Dienstbarkeit gebracht/ welche sie hernach denen verkaufft haben/ die ihnen Wein/ Kleider und andere Notturfft zugeführet.

Durch

Durch dieſe gewönliche Dienſtbarkeit/ haben ſie vom Jahr 1524. biß auff das Jahr 1535. die Länder und Königreicher Naco und Honduras gar wüſt und öde gemacht/ Welche Länder zuvor einem irdiſchen Paradyß zu vergleichen/ und volckreicher waren/ als etwan ein Land in der Welt ſeyn mag/ Aber wer jetz da reiſet/ ſihet/ wie wir es geſehen/ alles verwüſt und verderbt/ daß er/ ſey ſo verſtockt als er wolle/ ihm dennoch das Hertz für Mittleiden weinen muß. Sie haben dieſe eylff Jahr über/ mehr als zwo Million Seelen ausgerottet/ und haben auff zweyhundert Meil in die Vierung/ über tauſend Menſchen kaum leben laſſen/ welche doch in der gewönlichen Dienſtbarkeit täglich umbkommen und ſterben.

Aber wir müſſen von dem groſſen Tyrannen und Hauptmann/ der nach Guattimala gezogen/ weiter melden.

Dieſer/ wie geſagt/ hat alle die für ihm geweſen/ übertroffen/ und iſt allen denen gleich/ die da jetziger Zeit herrſchen/ von den Ländern/ ſo Merico nahe gelegen/ welche dem Wege nach/ den dieſer Tyrann ihnen gehalten/ wie er ſelbſt an den Obriſten Hauptmann/ der ihn ausgeſchickt hatte/ ſchreibt/ von dem Königreich Guattimala vierhundert Meyl ſind. Solcher iſt unter dem Titel und Schein/ wie oben gemeldt/ fortgezogen/ und alles geplündert/ verhergt/ verbrennt und ermordt/ was er angetroffen/ und ließ ausſchreyen/ man ſolte ſich ihnen/ ſo unbilligen unbarmhertzigen und grawſamen Leuten ergeben/ wegen des Königs in Hiſpanien/ welcher ihnen doch unbekandt/ und von welchem ſie niemals gehört hatten/ welchen auch dieſe Leut für ein grawſamé Tyrannen hielten/ als die Hiſpanier ſelbſt/ weil ſolche ſeine Diener und von ihm ausgeſchickt weren. Es verſtatten auch dieſe Tyrannen keinen Raum noch Zeit zu bedencken/ ſondern ſo bald ſie ſolche Bottſchafft an ſie geworben/ keiner Antwort wartende/ fielen ſie dieſe arme Leut an/ und verhergten alles mit Fewer und Schwerdt.

Von dem Land und Königreich
Guattimala.

Als obgemeldter Tyrann in die Königreich kommen/ hat er flugs angefangen zu wüten und zu würgen/ Aber doch ſolches ungeſchewet/ hat ihn der Herr im Land empfangen/ und iſt ſolcher in einer Sänffte/ mit groſſen Frewden und Ehren getragen worden/ für ihm allerley Seytenſpiel hergehende/ und haben ihn viel Herrn aus des Königreichs Hauptſtad/ welche Utlatan heiſſet/ beleitet/ haben auch/ was die Hiſpanier begehrt/ und

E iii   waß

Zwey Königreich Naco und Honduras/ von Spaniern jämmerlich verwüſtet.

Zwantzig tauſend mal tauſend Indianer in 11. Jahren von Spaniern umbracht.

Syañ ſher Hauptman els Ergwüterich ſand deſſelben tyrannſch r Proceß in Königreich Guattimala.

Spanier bringen ihren König bey den Indianern in Verdacht/ daß er ein grauſamer Tyrann ſey.

Spaniſcher Wüterich vñ König in Guattimala herrlich empfangen.

Spanier wollen der Indianischen Lufft nicht trauen.

König und fürnemste Landherren betrüglicher Weise von Spaniern gefangen und verbrent.

was sie gehabt/ihnen mitgetheilt/ Sonderlich aber zu essen gnug geben. Die Hispanier haben die erste Nacht ausserhalb der Stadt ihr Läger genommen/ dann sie solche für sehr fest ansahen/und besorgten sich/es möchte ihnen nicht/ wie sie fürhatten/ gelingen. Des andern Tags berufft der Hauptmann den König oder fürnemsten Herrn sampt andern Herrn zu sich. Wie nun solche/ als die gedultige Schäflein sich gar nichts befahrende/kommen/lässet er sie alle gefänglich annehmen/ und fordert eine grosse Summa Golds von ihnen. Aber sie gaben zur Antwort / daß sie keines hetten/ den ihr Land truge keines. Darauff befihlt er/ man solte sie alsbald ohn alles ander Urtheil oder Aufflag etwan einer Mißhandlung/ also lebendig verbrennen.

Indianische Landherrn fliehen ins Gebirg für d. Spaniern.

Wie nun die andern Herrn im Land erfahren/und gesehen/daß man ihre fürnemste Häupter/ nur daß sie kein Gold gaben/verbrennet/sind sie alle in die Gebirg/geflohen/und haben ihren Unterthanen befohlen/ sie solten sich den Hispaniern ergeben/ und ihnen als ihren Herrn dienen/ allein daß sie nicht verrathen/ noch wo sie hinkommen weren/ anzeigen theten.

Indianer untergeben sich dß Spaniern gutwillig auf Gnad und Ungnad. Spanische Bedräwung gegen den Indianern. Spanier stechen die Indianer über ihrer Arbeit mit ihrer Weib und Kindern todt.

Darauff sich das Landvolck gegen den Hispaniern alsbald erzeiget/ und sich angaben. Sie wolten ihnen als ihren Herrn dienen. Aber der Hauptmann gab ihnen zur Antwort/er wolt ihrer nicht/ und sie alle lassen ermorden/wo sie nicht anzeigten/wo ihre Herrn wären. Die armen Indianer sagten/sie wüsten es nicht/ Aber was sie anlangte/ wären sie zu frieden/daß man sie/ihre Weiber und Kinder/ und was sie in ihrn Häusern fünden/wie Knecht und Unterthane gebrauche/ oder möchten sie umbringen/ und es mit ihnen machen/ wie sie wolten. Solches haben sie offt begehret

Es war aber zu erbarmen/daß die Hispanier in ihre Dörffer und Flecken herumb gezogen/ und wenn sie die arme Leut an ihrer Arbeit mit ihren Weibern und Kindern funden/stachen sie solche/ehe sie es befahreten zu todt. Sie kamen in einen grossen schönen Flecken/ darinnen die Leut/wegen daß sie sich durchauß nicht schuldig wusten/sicherer als andere wohneten: Dieselbige haben die Hispanier in zweyen Stunden gar verwüst/ und darinnen durch das Schwerdt alt und jung/Mann und Weib/und was nicht fliehen könte/umgebracht.

Erschreckliche Mordthat der Spanier.

Wie nun die Indianer gesehen/ daß sie weder durch ihre Demuth/ noch durch ihre Gedult und Verehrung/ dieser unleutseliger/ rasender/wütender Leut Hertz erweichen noch stillen möchten/und daß sie ohne einige Ursach also umbgebracht wurden/ und sahen/ daß sie doch sterben müsten/haben sie beschlossen/sie wolten sich zusamen halten/ und lieber auff einmal in dem Krieg umb-

umbkommen/ und sich/so viel ihnen müglich/ an diesen teufflischen Feinden
rächen. Weil sie auch betrachteten/daß sie gar unwerth/auch gar bloß uñ na-
ckend/darzu schwach zu Fuß/ daß sie nit allein ihrem Feind kein Widerstand
thun oder ihnen abbrechen möchten/ sondern musten doch endlich herhalten/
und unten liegen: Solches zu verhüten haben sie mitten in den Straßen Gruben gemacht/ darein die Hispanier mit ihren Pferden fallen/ und sich in den
spitzigen Pfälen/ so sie hierzu gemacht/in die Gruben gesetzt/und mit Erdschol-
len also verdeckt/daß man es nicht mercken mögen/spiessen solten. In solche
Gruben/sind zwar ein mal oder 2. die Pferd gefallen/ aber es als die Hispanier innen worden/haben sie sich hernach wol dafür gewüst zu hüten. Sich a-
ber zu rächen/liessen sie außruffen/dz alle Indianer/die man lebendig betretẽ

Indianische
Fallgruben
darinnen die
Spanier
sampt den
Pferden ge-
spiesset werdẽ.

9

und

Spani- r
spieffen
schwanger
Weiber und
Kindbetterin/
sampt den
Kinder in dē
Indianischen
Gruben.

Spanier
werffen die
Indianer den
Hunden für.

Spanier ver-
brennen einen
Indianischen
Herrn Ehren-
halben.

Spanische
Soldaten wie
ihre Haupt-
leut.

Land Cutzca-
ton.

Spanischer
Obrister zu
Cutzcaid her-
lich empfangē

Spannischer
Obrister gibt
die Indianer
seinen Solda-
ten preiß.

Indianer De-
muth gegen
dē Spaniern

Spanier su-
chen fürnem-
lich Gold in
Indien.

Indianische
kupfferne ver-
güldte B. vel.

und fangen köñte/ sie wären alt oder Jung/ in solche Gruben geworffen wurden.   Sie worffen auch die schwongern Weiber und Kindbetterin darein/
auch alle alte verlebte Leut/ biß sie solche Gruben gar voll fülleten/ und ware
sehr erbärmlich/ die Weiber sampt ihren Kindern/ in solchen Pfälen gespiest
zu sehen, Die andern brachten sie durch das Schwerd umb. Sie wurffen sie
auch ihren Hunden für/ daß sie sie zureissen und fressen solten.

Sie verbrenneten einmal einen Herrn in einem grossen hellen Fewer/ und
sagten/ Es geschehe ihm zu Ehren.

Und in solchem unmenschlichen schlachten/ sind sie sieben gantze Jahr ver-
harret/ vom Jahr 1524. biß auff das 1531. Nun mag man rechnen/ was für
ein Anzahl Volcks darauff gangen und umkommen seyn möge.

Unter andern abschewlichen Thaten/ die dieser verfluchte Tyrann mit seinem Volck in diesem Königreich begangen (daß seine Hauptleut und Soldaten so unter ihm/ wie auch die andern Gehülffen/ nicht besser als er waren)
ist auch diese/ so er in de n Land Cutzcaton begangen/ an welchem Ort/ oder uñ
dieselbigen Gegend ietziger Zeit die Stadt S. Salvator genennet/ er bawet/
in einem gar fruchtbarn Lande / wie dann dieselbige gantze Seiten an dem
Meer nach Mittag sehr fruchtbar ist/ und begreifft viertzig od funfftzig Meil.
Wie nu in der Stadt Cutzcaton so die Hauptstad im Land / er sehr herrlich
empfangen worden/ dann in die zwantzig oder dreissig tausend Indianer allda sein warten/ welche alle etwas von Indianischen Hünern und anderm
Proviant brachten : Wie nun/ sage ich/ dieser Hauptman ankompt/ und die
von ihnen annimbt / hat er befohlen/ daß die Hispanier aus diesem grossen
Hauffen / ihnen nehmen und auslesen/ welche ihñen nur gefielen / auff daß
sie die Zeit über/ weil sie allda lägen/ solche in ihren Diensten gebrauchten/
Und gebot/ daß man sie zwingen solt/ alles was vonnöthen/ zutragen.   Darauff jeder so viel er bedorfft genommen/ einer funfftzig/ ein and hundert/ nach
dem er wol hat wollen auffgewart seyn. Diese arme Schäfflein thäten nach
allem Vermögen / was sie nur vermöchten/ und fehlete nichts/ denn daß sie
die Hispanier nicht gar angebetet haben.

Einmal forderte der Hauptmañ von den fürnehmsten Herrn viel Golds/
dann darumb waren sie fürnemlich in diese Länder kommen : Die Indianer
antworteten/ sie wolten ihnen gern alles Gold/ daß sie hetten/ übergeben/ und
versamleten eine grosse Anzahl Beycl aus Kupffer gemacht/ deren sie sich ge-
brauchten/ welche vergüld sind/ daß sie wie lauter Gold scheinen/ wiewol solch
Kupffer auch Gold an ihm selbst helt,

Der

Der Hauptman lässet solche bald streichen/ wie er nun am Strich befindet/ daß es nur Kupffer ist/ sagt er zu seinen Hispaniern/ ein solch Land seye für die Teuffel/ lasset uns von hinnen ziehen/ weil kein Gold gefunden würde. Ein jeder schlage seine Leibeigenen/ die er ihm zudienen genommen hat/ in die Eysen/ und lasse sie zeichnen und brennen zu eigenen Knechten. Welches sie auch alsbald vollbrachten/ und brenneten mit deß Königs Gemerck alle die sie könten/ unter denen hab ich deß Königs Sohn gesehen/ der auch gebrennt war. Die andern Indianer/ die davon kommen waren/ theten sich zu denen auff dem Land/ und weil sie der Hispanier Boßheit nicht länger erdulden möchten/ stelleten sie sich zur Wehr: Aber die Hispanier haben ein jämmerlich schlachten unter ihnen gehalten/ und seyn wider nach Guatimala gezogen/ do sie eine Statt gebauet/ welche Gott durch drey Sündflut die zugleich kommen/ auß sonderlicher Schickung umbgekehrt hat. Die eine/ war von Wasser/ die ander von der Erde/ die dritte/ von Felsen/ die so groß als zehen Ochsen waren.

Wie nun alle Herrn und Männer so sich wehren kunten umbgebracht waren/ seynd die andern in die Teufflische Dienstbarkeit gerathen/ und zinßbare Knechte worden/ und müssen also ihre Söhne und Töchter/ dann sie sonsten keine Sclaven haben/ hingeben Und laden derer die Hispanier gantze Schiff voll/ nach Peru/ allda sie zuverkauffen.

Also haben sie diß Königreich/ so in die hundert Meyl oder mehr in die Vierung hat/ so ein gut Land/ als in der Welt seyn mag/ durch ihr morden und würgen/ verwüst und gar eröset. Und schreibet dieser Tyrann selbst daß es Volckreicher als Mexico gewesen sey/ daran sagt er auch die Warheit.

Er hat sambt seinen Gesellen in 16. Jahren von 1424. biß auß das 1540. mehr als vier oder fünff Millionen Seelen umbgebracht/ und bringen täglich die noch ubrig seyn umb.

Es hatte dieser Tyrann den Gebrauch/ wenn er ein Land bekriegen und berziehen wolt/ führt er so viel Indianer/als er konde/von denen so ergezwungen/ mit sich/ die andern damit zubekriegen/ und weil ihnen nichts zuessen wurde/ gab er ihnen zu/ daß sie die Indianer/die sie fiengen/ fressen möchte.

Hielt also täglich in seinem Feldläger ein Fleischbanck/ darinnen man Menschenfleisch feil hatte. Man schlachte auch wol einem vor seinen Augen die Kinder/ und briete sie. Sie brachten die Leut umb/ nur daß sie die Händ und Füß/ welche sie für die besten Bissen hielten/davon bekämm. Weil nun die Leut in den andern Ländern solch Thaten hörten/ wüsten sie nit für Forch und Schräcken wo zunauß.

F Es

Spanier bleiben/ nit/ wo kein Gold ist.

Spanier brennen den Indianern zeichen.

Königs Sohn wird auch zum Sclaven gemacht und gebrennet.

Spanische Statt durch drey Sündfluten zugleich umbgekehrt.

Indianer zu Sclaven in Peru verkaufft.

Königreich Guatimala sehr gut und Volckreich/ durch Spanier gar verwüstet.

Fünff Million Indianer in 16. Jahren von Spanier umbgebracht.

Indianer auß Hungersnoth gezwungen ein ander selbst zufressen.

Menschenfleischbanck in Spanischen läger.

Indianer verschmachten und und sterben von uber schweren Arbeiten.

Es sturben unzehliche Indianer durch schwere Arbeit. Dann sie die Schiff/ welche er von dem Meer gegen Nord/ auff das Meer gegen Mittag sich in die hundert und dreyssig Meyl erstreckten / führete/ musten machen helffen/ und die schweren Ancker/ so offt drey oder vier Centner schwer hatten/ tragen. Er ließ auch auff diese weiß viel Geschütz hinüber tragen/ welchs auff der armen Leuth Rucken geladen wurde/ und hab ich offt diese Leuth auff dem   Weeg unter der schweren Last sehen umbfallen

Neu Spanischer Proceß die Indianer nund verschmachten. Er rottete gantze Geschlechter auß/ denn er dem Mannsvolck ihre Weiber und Töchter nahme/ welche er seinen
                                                                                                    Schiff-

Schiffleuten und Soldaten jhren Mutwillen zu sättigen gab/ die sie hernach
mit sich schleppeten. Er füllete alle Schiff mit Indianern/ die darauff von
Hunger und Durst sturben.

    Wenn ich alle seine abscheuliche Thaten erzehlen wolte/ könte ich ein
groß Buch/ darüber sich jederman ersetzen würde/ schreiben. Er rüstet
zwey Heer auß mit vielen Schiffen/ damit rettet er/ wie Donner und Blitz
alle diese Völcker auß. O wie viel Weysen/ O wie viel Wittwer und Witt-
eibin/ denen er auch jhre Kinder geraubet/ hat er gemacht? O wie viel Un-
zucht/ Ehebruch und Gewalt hat er verursacht? O wie viel hat er jhrer Freyheit beraubet? O wie viel Schmertzen/ Angst und Noth (derer er Ursach ist)
haben viel Völcker außstehen müssen? O wie viel Weynens und Heulens
und Seufftzens hat er gestifftet? O wie viel Verderbens in diesem Leben/
und Verdammnus im ewigen Leben/ nicht allein den Indianern/ derer unzehlich seynd/ sondern auch den verfluchten Hispaniern/ derer Hülff zu
solchem grossen Gewalt/ und abscheulichen greulichen Sünden und verfluchten Ubel gebraucht/ hat er angerichtet. Ich bitt Gott/ daß er sich seiner erbarme/ und sich daran/ daß er in dieser Welt so ein böses End genom-
men/ genügen lassen wolle.

Von der neuen Hispania/ Panuco und Xalisco.

Nach solchem grossen tyrannisiren und morden/ dessen ich allein einen
Theil erzehlt/ das meiste aber mit stillschweigen ubergangen/ und
sich allzumal in den Ländern/ so die neue Hispania und Panuco genennet werden/ verloffen/ ist in Panuco ein anderer Tyrann/ der gleich so
wüst und rasent gewesen/ wie der vorige/ im Jahr 1525. ankommen. Derselbige hat auch viel Ubels gestifftet/ und auff die Weise/ wie der vorige viel
zu leibeigenen Knechten brennen und zeichnen lassen/ welche doch alle frey-
geborne Leut waren. Solcher schickte er gantze Schiff voll in die Insul Cuba und Hispanioln/ da er sie auff das höchste verkauffte/ und auff diese Weiß
erösete er vollend diß gantze Land. Und hat sich zugetragen/ daß man für ein
Mutterpferd acht hundert Indianer geben/ welche doch Menschen mit
Vernunfft gebohren seynd.

    Von diesem Ort ist er abgefordert worden/ dagegen man jhm das
Ambt eines Præsidenten der Statt Mexico/ auch uber gantz neu Hispanien
eingeräumt. Nebe ihm seyn andere Tyranne/ als Landverhörer geordnet wor-
de. In disen Emptern sie so viel Ubels/ Tyranney/ Raubens und Greuels be-

gangen

auß zurotten.

Abscheuliche Thaten deß Spanischen Tyrannen unbegreifflich.

Jammerliche Klag uber die unmenschliche Tyranney/und Unthaten deß Spanischen Wüterichs.

Spanischer Læster ein grosser Tyranne raube ein bös End.

Neuer Tyran in Panuco verkaufft die Indianer.

Acht hundert Indianer für ein Mutter-pferd verkaufft.

Spanische Tyrannen

verderben Land und Leut. Barfüsser Mönch widersetzen sich der Spanischen Tyranney.

gangen/ daß so man allein ein Theil erzehlen solte/ es unglaublich scheinen würde. Sie brachten auch dasselbige Land in das eusserste verderben/ und wenn es Gott nicht durch die Franciscaner oder Barfüser Mönch/ die ihnen zum hefftigsten widerstunden/ verhütet/ und der König nicht bald eine Regierung/ welche die Sache verhöret/ Gerechtigkeit und Tugent lieb hatten/ dahin verordnet hette: So hetten sie in zweyen Jahren gantz neu Hispanien gar verwüstet/ gleich wie die Insel Hispaniola verwüstet ist.

Indianer müssen an der Krone hungeronot sterben.

Es war in obgemelter Gesellschafft einer/ welcher/ auff das er umb seinen Garten eine Maur führen möchte/ täglich acht tausent Indianer/ die daran arbeiten musten/ hielte. Er gab aber solchen nichts/ auch nicht ein Bissen Brod zuessen/ und fielen also diese arme Leut/ wie das Vieh umb/ und starben/ aber er bekümmerte sich gar nichts drumb.

Spanischer Tyrann weichet für den Königlichen Räthen. Zwanzig tausent Indianer verschmachten unter der Spanier Last. Land Mechuacan.

Wie nun der fürnembste Hauptman/ welcher Panuco verwüstet/ vernommen/ dz deß Königs Räthe kamen/ beschloß er weitter in das Lande hinein zuziehen/ ob er Länder/ darinnen er tyrannisieren möchte/ antreffen köndte. Er führte auch auß dem Land Mexico mit Gewalt funffzehen oder zwantzig tausent Menschen/ die der Hispanier/ so mit ihm zogen waren/ Plunder und Last tragen musten/ von welchen nicht mehr als zweyhundert widerkamen/ die andern seynd alle auff dem Weg gestorben.

Also ist er in das Land Mechuacan gerathen/ so von Mexico viertzig Meyl ligt/ ist ein gut voll Land/ wie Mexico.

König in Mechuacan thut den Spaniern groß Ehr an. Greuliche und erschröckliche Marter des Königs zu Mechuaca.

Der König und Herr im Land/ zoge ihm entgegen/ mit viel Volcks/ und erzeigte ihm alle Ehr und Dienst die er erdencken möchte. Aber er wurde alsbald von den Hispaniern gefänglich angenommen: Dann das Geschrey war/ dieser König hette viel Golds und Silbers. Solches vom ihn herauß zubringen/ ließ er ihn alsbald martern/ und mit den Beinen in ein Stock schlagen/ den Leib außgestreckt/ und mit den Händen an ein Pfall gebunden/ an die Fußsolen ließ er ihm glüende Kohlen schütten. Ein Bub aber hatte ein Krug voll heisses Oehl/ damit betreuffet er ihm die Haut fein gemachsamb. Auff der einen Seiten stund einer/ so ein gespannetes Armbrust hatte/ und zielet ihm gerad auff das Hertz/ auff der andern Seiten helt einer ein beissigen Hund/ als wolte er ihn flugs loß lassen/ als er ihn zurreisse.

König und Landherrn zu tod gemartert.

Also marterten sie ihn/ seine Schätze herauß zubringen. Entlich hat ihn ein Barfüsser Mönch hinweg gerissen/ aber er muste von dieser Marter sterben. Auff diese Weiß haben sie viel Herrn und Caciques/ in diesem Land/ ihr Gold und Silber zuheben/ gemartert und/ hingericht.

Umb

Vmb dieſe Zeit als ein Tyrann herumb zog/ſo ein Viſitator ſeyn/ ja mehr
auff die Beutel/und den armen Indianern das ihre zu nehmen/ dann das er
für ihre Seel ſorgen ſolte/ erfähret ſolcher/ daß etliche Indianer ihre Götzen
verſteckt hielten / dann ſie waren von den verfluchten Hiſpaniern nie keines
beſſern Gottesdienſts unterwieſen worden. Auff ſolches hielte er die Herrn
gefangen/ biß ſo lang ſie ihre Götzen herfür gaben.   Er hoffte aber und ver-
meynte/ſie wurden von Gold oder Silber ſeyn/ wie er es aber anderſt befan-
de/ſtraffte er ſolche Herrn greulich. Und damit ſein Fürſatz ihm nicht fählete/
welches war nur zu rauben/ zwang er die Caciques/ daß ſie ihre Götzen wider
löſen/und ihm Gold und Silber/ ſo viel ſie zuſammen bringen konten/ dafür

Spaniſcher
Viſitator nö-
tiget den In-
dianern ihre
Götzen ab.

Indianer
müſſen ihre
Götzen mit
ſilber un̄ Gold
löſen.

geben

Spanischer
Löser in Be-
lehrung der
Indianer
Land Xalisco
volckreich
und frucht-
bar.
Spanischer
von den In-
dianern herr-
lich empfangt.

geben musten. Also ließ er ihnen ihre Gözen/solche wie zuvor anzubetten. Das
sind die guten Werck und Exempel/so die verfluchten Hispanier trieben/und
das ist die Ehre Gottes/ die sie in Indien pflantzen und fördern.

Der grosse Tyrann und Hauptmann/ zoge aus dem Land Mechuacan
fort/in das Land Xalisco/welches ein volckreich voll Land war/dann diß Land
der fruchtbarsten eines und darob sich zu verwundern/ In Indien ist/weil
darinnen Flecken seynd/so bey sieben Meyl wegs halten Wie er in das Land
kompt/ empfahen ihn die Indianer/wie sie zu thun pflegen/ mit Frewden
und grosser Verehrung. Aber er fieng seine Tyranney/wie er gewohnt und
gelernt hat/flugs an/wie dann alle andere auch üben/ja viel gestrenger/auff

12

das

daß er bald / dahin er allein trachtete (welches iſt viel Gold zu ſamlen/ dann ſolches allein ihr Gott iſt) kommen möchte/ er verbrennet die Städt/ fienge die Caciques und martert ſie/ machet alle die er bekam zu Leibeygnen Knechten/ deren er unzehlich in Ketten geſchmiedet mit ſich führt Die armen Kindbetterin muſten dieſer böſen Unchriſten Plunder tragen/ ſolche/ weil ſie von Hunger und ſchwerer Laſt gepeiniget / ihre Kindlein nicht tragen könten/ worffen ſie ſolche auff den Weg/ und ſturben derer alſo unzehlich.

Ein vermeynter Chriſt wolte mit Gewalt eine Jungfraw zu Unzucht zwingen/ derer Mutter ſich darwider ſetze/ und wolte ſie den Hiſpaniern wider nehmen/ aber der Hiſpanier hieb der Mutter die Hände ab / und weil die Tochter nicht in die Unzucht bewilligen wolte/ ſtach er ſie mit einem Dolchen zu todt.

Es ließ dieſer Tyrañ/ unter andern unbilligen Thaten/ vier oder in fünfftauſend Seelen/ Männer/ Weiber und ſäugende Kinder/ von anderthalben/ einem/ und dreyen/ auch von vier Jahren/ ſo doch ſo frey als er war/ und die ihn im Friede zu empfahen entgegen kommen waren/ als Schlaven zeichnen und brennen. Ohne was er ſonſten begieng/ daß man nicht in achtung nahme.

Als er ſeine unzehliche Teuffliſche Krieg vollführet / und in demſelbigen viel umbgebracht/ hatte er das Land unter ihre gewöniche Dienſtbarkeit/ als unter welches tyranniſches Joch alle Hiſpaniſche Tyrannen/ ſo in Judien kommen/ pflegen/ und ſich bemühen dieſe arme Leut zubringen/ gezwungen.

Er erlaubet auch in dieſem Land ſeinem Hoffmeiſter und den andern/ daß ſie den Leuten unerhörte Marter anlegen dörffen / dadurch Gold und ander Tribut von den Indianern zu zwingen. Sein Hoffmeiſter brachte ihrer viel umb/ ließ lebendig hencken und verbrennen/ warff ihrer etliche den Hunden für/ hieb ihnen die Händ/ Füſſe und Köpff gar ab / riß ihnen die Zungen aus dem Rachen/ da ſie doch friedlich lebten/ nur einen ſchrecken in die andern zu bringen/ daß ſie ihm flugs Gold und anders brächten. Und ſolches geſchahe mit wiſſen/ und für dieſes Tyrannen Augen. Die Backen-und Rutenſtreich/ Steckenſchläg/ Baſtonaten und andere Wüterey/ waren täglich gar gemein/ dadurch diß arme Volck geplagt und bedrangt wurde.

Man ſagt von ihm/ daß er in dieſem Königreich Xaliſco achthundert Flecken verheget und verbrennt habe / dadurch die Indianer zu Verzweifflung getrieben/ und weil ſie ſahen/ daß ſie alle ſo erbärmlich hingerichtet

wur-

Gott der Spanier Gott und einig Intent

Etliche gleiche Tyranney der Spanier in Xaliſco

Rh Wetter ein geblungen ihre Kind r weggeworffen.

Spaniſchen Nothzwinger grauſche Mordthat.

Fünffauſend Indianer ſampt Weib und Kindern zu Schlaven gebrent.

Spanier zwingen die Indianer unter ihre tyranniſche Dienſtbarkeit.

Achthundert Flecken in Xaliſco verwüſtet.

Indianer zur Gegenwehr verursacht.

Newe Länder finden auff Spanisch heisset dieselb verhergen.

Spanier von Gott verblendt.

Spanier haben ihren Kriegs in Indien wider Fug noch Ursach.

Spanier frolocken und dancken Gott über ihrer Tyranney.

worden/sind ihrer ein Theil auff das Gebirg geflohen/und haben etliche Hispanier ertapt und umbgebracht/dazu sie dann Ursach gnug gehabt. Hernach wegen des Zwangs und Lasts/ so die andern Tyrannen/ so auch andere Länder zu verhergen/hinein komen/ und dadurch gezogen seynd/ welches sie newe Länder finden heissen/ ihnen angethan/ haben sich viel Indianer zusammen geschlagen/ und sich auff etlichen Felsen verschantzt und befestiget/An welchē Felsen die Hispanier grosse Tyranney geübt / und haben fast diß groß Land gar verödet/ in dem sie unzehliches Volck umbgebracht.

Und könnnen gleichwol die elende/blinde/von Gott verlassene/und von demselbigen in einen verkehrten Sinn dahin gegebene Hispanier / die billichen Ursachen die die Indianer in allen Rechten haben/ sich/wenn ihnen nur die Stärck und Rüstung nit mangeln thäte/ zu wehren/und sie aus ihrem Land zu jagen/ nicht finden noch erkennen/ viel weniger sehen/wie gar sie doch keine gute oder gerechte Sach haben/ Sondern und über das/die sie so grossen Gewalt und Tyranney geübet / heben sie noch einen newen Krieg wider sie an/ Sie bilden ihnen ein/ sagen und schreiben/daß die Siege/so sie wider die unschuldige Indianer gehabt/die sie vertrieben/von Gott kommen. Dann sie zu ihrem unbillichen Krieg gut Fug und Recht hetten. Also frewen/frolocken und rühmen sie sich / und dancken Gott für ihre Tyranney / gleich wie jene Tyrannen und Rauber/von welchem der HErr sagt/am 11. Cap. Zachariæ des Propheten : Hüte der Schlachtschafe/dann ihre Herren schlachten sie/ und haltens für keine Sünd / verkauffen sie/und sprechen/ Gelobet sey der HERR/ Ich bin nun reich/und ihre Hirten schonen ihrer nicht.

Von dem Königreich Yucatan.

Newer Spanischer Gubernator durch liegen in Yucatan gesetzt.

Königreich Yucatan Lob und Beschreibung.

Indianer in Yucatan Lob.

IM Jahr 1526. wurde ein ander verfluchter Gubernator in das Königreich Yucatan gesetzt / und solches durch liegen und falsches fürtragen/so er bey dem König gethan : Wie dann alle Tyrannen/biß auff diese Zeit zu thun pflegen/auff daß sie Aempter bekommen/in welchen sie flugs rauben und stehlen mögen Diß Königreich Yucatan/ist voller Leut gewesen/dann es durchauß ein gesund Land/und viel reicher an Proviant und Früchten als Mexico/sonderlich hat es viel Honig und Wachs darinnen/als sonst an einem Ort gesehen ist worden. Es hat auff 300. Meil im umbfang. Die Inwohner dieses Lands übertreffen alle andere Indianer / was Verstand und Tugend/ auch eingezogenes Leben anlangt thut : Und derhalben weren sie wol werth/ daß sie zum Erkäntnuß Gottes geführt weren worden.

Da-

Darzu hette man grosse Stätte bauen mögen / darinnen die Hispanier / wie in ein einem irrdischen Paradeiß hetten wohnen können / aber solches seynd sie / wegen ihres grossen Geitz / verstockten Hertzens / und greulichen Sünden nicht werth. Wie sie dann auch andere viel Gutthaten / die ihnen Gott in India gezeiget / nicht wert worden seynd.

Dieser Tyrann hat mit dreyhundert Mann den Krieg wider diese unschuldige Leuth angefangen / welche in ihren Häusern waren / und niemand kein Leyd zufügten. Und erwürgete also und verderbte unzehlich Leute. Weil aber in diesem Land kein Gold gefunden würd (dann so es Goldreich gewesen / hette er diese arme Indianer in den Goldgruben abgemartert / darinnen auß ihren Leibern und Seelen / für welche Christus gleich so wol gestorben / Gold zu machen / machte er alle die / so er nicht umbbracht zu Sclaven / und schickt die Schiff / so da ankommen waren / voller Sclaven geladen / wider weg / gab die arme Leuth für Wein / Oehl / Essig / gesaltzen Schweinenfleisch / Kleyder / Pferd / und was ein jeder bedürfft / nach dem es dem Hauptman geliebt und eben war. Er ließ unter fünfftzig oder hundert Jungfrauen eine außlesen / so am schönsten war / solche gab er für ein Lägel mit Wein oder Oehl / Weinessig / oder wol auch für ein gantzes eingesaltzenes Schwein. Desgleichen ließ er unter zwey oder dreyhundert Knaben / einen außlesen / den er für obgemeldte Wahren / die er bedürffte / hingab. Unter andern ist ein schöner junger Knab / den man für eines Herrn Sohn angesehen / für ein Käß vertauscht worden / und 100 Personen für ein Pferd.

In solchem Wesen ist er fortgefahren / vom Jahr 1525. an / biß auff das 1533. welches sieben Jahr seyn / dadurch er das Land verwüst und erösiget hat. Die andern hat er ohne Mitleyden umbgebracht / biß daß die Zeitung von dem Reichtumb in Peru kommen / dahin alle Hispanier geloffen. Also hat diese Teufflische Tyranney auffgehöret. Hernach aber seynd sie wider in diß Land gerathen / und übel ärger gemacht / mit rauben / plündern / und fangen der Leut / auch andern groben Lastern und Sünden / damit sie Gott erzörnet haben / und hören auch noch nicht auff / dadurch sie gleich alles wüst und öde gemacht haben / auff dreyhundert Meyl / da es doch zuvor so Volckreich und lustig gewesen / wie gemelt werden.

Es ist ein Mensch der alle grausame Thaten / die sie begangen haben / glauben oder erzehlen könt / ich wil einer / zwey / oder drey / die mir einfallen / gedencken. Als die verfluchten Hispanier / mit beissigen Hunden der Spur nach suchten / und etliche Indianer Mann und Weibsvolck jagten. War

G unter

Ein Indianisch
Weib erhängt
sich sambt ih-
rem Kind.

unter solchen ein franckes Weib welches als sie sah/ dß sie den andern nit fol-
gen/ noch den Hunden entgehen konte (dann solche/ wen sie antraffen/ zur-
rissen) hat sie einen Strick genommen/ und sich an einen Balcken erhänckt
und an ihre Füß hat sie ihr Kind eines Jahrs alt/ gehangen und gebunden/
so bald sie solches verbracht/ kamen die Hund und fielen das Kind erstlich an
solches zuzurreissen/ aber ehe es gar den Geist auffgeben/ ist es noch zuvor
von einem Mönch getaufft worden.

Spanier
schneidt einem
Indianischen
Knaben die

Wie nun die Hispanier auß diesem Königreich weggezogen/ hat einer
zu eines grossen Herrn Sohn gesagt/ er solte mit ihm ziehen/ das Kind sagt
er wol seyn Vatterland nit verlassen/ darauff sagte der Hispanier: Ziehe mit

nise

mir oder ich will dir die Ohren abschneiden / der jung Indianer blieb auff seiner Meinung / er wolte auß seinem Vatterland nit: Der Hispanier zeucht
alsbald seinen Dolchen auß / und schneid ihm beyde Ohren ab / der junge
Mensch schreyt jmmer zu / er wolle nicht auß seinem Vatterland / darauff
schneidet er ihme die Nase und Lefftzen unten und oben ab: Aber der Indianer bleibt auff seiner Rede / und lachet noch dazu / und entsetzt sich weniger
darüber / als wenn er nur eine Hirnschale bekommen hette. Dieser verfluchte Mensch / rühmet sich gegen einem Mönch seiner Unflätterey / und saget /
Er bemühe sich / so viel jhm möglich / Indianische Weiber zuschwängern /
dann wenn er sie also trächtig verkauffe / so bekomme er desto mehr Geldt
darvor.

In diesem Königreich oder in einem andern Land der Neuen Hispanien / ist ein Hispanier mit seinen Hunden hinauß gezogen / etwann von
Wildpret was zufangen. Wie er aber nichts angetroffen / und gesehen /
daß seine Hund hungerig waren / hat er einer Indianern jhr klein Kind auß
der Schoß gerissen / und solchem Arm und Bein abgehauen / also zerstücket /
dovon seinen Hunden einem jeden ein Theil geben. Wie sie nun solches auffgefressen hatten / hat er den Leib folgent den Hunden miteinander
hingeworffen.

Daran sihet man / wie verstockt die Hispanier in diesen Ländern sind /
wie sie GOtt in einen verkehrten Sinn dahin begeben hat / und was sie von
diesen Leuthen halten/die gleich so wol als sie / zu GOttes Ebenbild erschaffen
seynd. Aber man kan noch greulicher Ding von jhnen schreiben / wie jhr hören werdet.

Und will ich also diese unzehlich grausame Thaten / dergleichen nie gehört worden seynd / so die / welche sich Christen nenneten / in diesem Königreich begangen haben / und welche keines Menschen Verstand genugsamb
einbilden noch begreiffen mag / weitter zuerzehlen bleiben lassen / allein muß
ich das melden.

Nach dem auß diesem Königreich diese Teufflische blinde Tyrannen
nach Peru auß unersättlichem Geitz / allda reich zuwerden / gezogen / ist der
Bruder Jacob mit andern vier Brüdern Barfüser Ordens bewegt worden / in solches Königreich zureysen / es zustillen/darinnen zu predigen / un
zu Jesu Christo/die/so von der Hispanier Tyranney un Mordē/so sie 7 gantze
Jahr darinnen getrieben / uberblieben waren / zubringen. Und ich glaub /

daß diß

daß diß die Mönch seyn gewesen / welche im Jahr 1534. von etlichen Indianern deß Landes Merico seyn ersucht worden / daß sie in ihr Land kommen /
und sie den einigen Gott/ der da Gott und der rechte Herr der gantzen Welt
were / solten erkönnen lernen / derwegen sich auch die Indianer / offt versamlet haben / und zusammen kommen seynd / da sie dann berathschlaget / was diß
für Leut seyn müsten / die sich Vatter und Brüder nenneten / und was sie
doch fürgeben / und ob sie auch andere Leut als die Hispanier weren/von welchen sie so viel Vberlast und Jammer erlitten haben. Letzlich haben sie beschlossen / daß sie allein kommen solten / und keine Hispanier mit nehmen.
Welches dann diese Mönch ihnen zugesaget haben / dann es ihnen von deß
Königs Statthalter zugelassen und gebotten war / sie sollen es also willigen
und würde ihnen daneben zugesaget / daß ihnen von den Hispaniern gar kein
Leyd widerfahren solte. Diese Mönch huben an / wie ihr Gebrauch / das E-
vangelium zu predigen / und wie die Könige auß Castilien ein heilige Neigung hetten sie zubekehren. Davon die sieben Jahr die Hispanier ihnen kein
Verwöhnung gethan hatten / auch nicht daß ein ander König were / als der
so ihnen tyrannischer Weiß greulich mitführt. Wie also die Mönch viertzig
Tag bey ihnen geprediget hatten/ kamen die vornembsten Herrn / und brachten ihn ihre Gözen/daß sie solche verbrennen solten / hernach führeten sie auch
ihre Kinder / welche sie so lieb als ihre Augen haben / zu ihnen / daß sie solche
unterweisen und lehren solten/ sie baueten ihnen auch Kirchen und Wohnunge.

Es forderten sie auch andere Länder / daß sie ihnen predigen / anzeigen
und Vnterweisung geben solten / von dem einigen Gott / und von dem so sie
den grossen König in Castilien nennen. Wie sie nun von diesem Mönchen
gelehrt waren/ haben sie das gethan / so zuvor in India sie geschehen. Dann
was die Tyrannen so diese grosse Königreicher und Länder verwüstet / sagen
und fürgeben / die armen Indianer zubeschweren / seynd Lügen und erdich-
te Fabeln.

Zwölff oder fünffzehen grosse Herrn/ welche viel Vnterthanen und
Land hatten/ versambleten sich / ein jeder mit den seinen für sich / und berath-
schlagten sich / hernach ergaben sie sich ungezwungen/ frey und gutwillig von
sich selbst dem König in Castilien / und erkenneten den Keyser / als den König
für ihren Oberherrn/ welches sie auch in Schrifft haben verfassen lassen/und
hab ich solches Zeugnuß sambt der Mönche Bekandtnus in meiner Gewalt gehabt.

Wie also diese Indianer den Glauben begerten anzunehmen / mit
grosser

Indianer ver-
wundern sich
über der
Mönch Titel.

Predig der
Mönchen in
India.

Indianer gebn
ihre Gözen
zu verbrennen.

Indianer laf-
sen sich ihr
Kinder im
Glauben un-
terrichten.

Spanische Ty-
rannen Lügner

Indianer er-
geben sich mit
Land und Leut
dem König in
Castilien.

grosser Freud und Hoffnung der Mönche/daß das übrig Volck/so von dem unbillichen kriegen und würtzen noch in geringer Anzahl übrig geblieben/ zur Erkäntnuß Jesu Christi / gar möchte gebracht werden/ Fallen ein achtzehen Tyrannen Hispanier zu Fuß und zwölff zu Roß/und führeten mit sich grosse Last Götzen/ die sie in andern Ländern geraubet hatten.

Dieser dreissig Hispanier Hauptmann/ beruffte zu sich den Herrn des Orts / da er in das Land kommen war / und befahle/ er solte die Götzen nehmen/ und in seinem gantzen Land austheilen/ Er solte ihm aber für einen jeden Götzen ein Indianer oder Indianerin geben/ daß er solche als Schlaven möchte mit sich wegführen: Wo er solches nicht thun wolt/drohet er ihm/daß er ihn mit Krieg überziehen wolt. Dieser Herr muste solches aus Forcht gezwungen vollbringen/ und theilete diese Götzen im gantzen Land aus und befahl/ man solte sie anbeten/ und dafür Schlaven geben/ dadurch wurden die Indianer erschreckt/und muste also/der zwey Kinder hat/eines/der drey zwey geben. Also wurden sie ihrer verfluchte Wahr an/und vermöget dieser Herr die Hispanier/ aber ich sage nicht Christen.

Spanier bringen den Indianern ander gestohlne Götzen auf

Indianer zu den bösen Götzen verkaufft.

Einer aus diesen teufflischen Räubern/mit Namen Johann Garcia/wie er kranck ward/ und nun sahe/ daß er sterben solt/ hatte er unter seinem Bett zwo Last Götzen/ Als er nun sahe/ daß es mit ihm ware/ ruffte er seiner Indianerin eine/ die seiner warter/ und sagte zu ihr/ sie solte diese Götzen ja nicht vergebens weggeben/ dann sie sehr gut weren/ und solte nicht weniger als ein Schlaven für ein Stück nehmen. Mit diesen Gedancken und Testament/ fuhr diesem verfluchten Menschen die Seel aus/ und wer zweifelt daran/ daß er nicht zum Teufel in die unterste Höll gefahren sey.

Spanischen Räubers Beicht biß am Todtbett/ von wegen des gestohlenen Götzen.

Man betrachte nun und sehe/ was für eine fortpflantzung der Religion/ und was für gute Exempel des Christlichen Glaubens/ die Hispanier/ so in Indien ziehen/von sich gaben/ auch was sie GOtt für Ehr anthun/und wie sehr sie sich bemühen/ oder was für Sorg und fleiß sie anwenden/daß GOtt von diesen Leuten erkandt und angebettet/und daß durch diese Creaturen der heilige Glaub gepflantzt werde und zunehme. Man betrachte auch/ob dieser kein Sünde geringer sey/ als des Jeroboams/ der Israel sündigen machet/ in dem er zwey güldene Kälber hat auffgestellt/die das Volck anbeten solten/ Oder ob diese Sünde nicht so groß sey/als des Judas:Und wer mehr Ursach zu Ergernuß geben habe. Diß sind der Hispanier/so in India ziehen/ gute Werck/welche in der Warheit gar offt/ ja unzehlich offt/aus Geitz und Begierd z Gold/verkauffen/und haben verkaufft.Verläugnen und haben verläugnet/und treiben es noch täglich/Jesum Christum unsern HErrn.

Spanier geben den Indianern mehr Ergernuß und sind ärger den Judas und Jeroboam.

Spanier verkauffen und verläugnen Christum.

Wie

Indianer durch Mönch betrogen.

Indianer beschweren sich bei die Mönch

Sparier von den Mönchin gebetten/wolten nicht aus dem Land ziehen.

Mönch fliehen aus Indien.

Mönche wider in Indien erfordert Indianer thun den Mönchen alle Ehr an.

Spanische Freibeuter wollen aus Jucatan nicht ziehen.

Mönche müssen den Spaniern aus Jucatan weichen. Indianer durch Spanier an dem Erkantnuß Christi gehindert.

Wie nu die Indianer gesehen/daß/was ihnen die Mönch zugesagt/nichts ware/nemlich/daß die Hispanier nicht in ihr Land kommen solten/und sahen/ daß ihnen die Hispanier selbst Götzen zuführeten / die sie von ihnen kauffen musten/sie aber hetten all ihre Götzen den Mönchen geben/ solche zu verbrennen/daß also der wahre Gott von ihnen angebettet wurde. Hat sich das gantze Land wider die Mönch empöret/sie geschendet und geschollen. Und dieselbe also angeredt: Warumb habt ihr uns gelogen/ da ihr uns durch Betrug zugesagt/als solten keine Hispanier in unser Land kommen: Und warumb habt ihr uns unser Götter verbrennt / so doch ewre Hispanier uns andere aus den Ländern bringen? Waren unsere Götzen nicht so gut als die frembde Götter? Die armen Mönche stilleten sie auff das beste/ so sie konten/ dann sie wusten nicht/ was sie darauff antworten solten/und suchten darauff die 30. Hispanier/untersagten ihnen/ was sie angerichtet/und baten sie/daß sie wolten aus dem Land ziehen. Aber das war den Hispaniern ungelegen/und sagten zu den Indianern/ daß sie die Mönche in das Land nicht gefordert hetten/ welches dann ein Boßheit über Boßheit war.

Letzlich beschlossen die Indianer/sie wolten die Mönch erwürgen/ derhalben als sie durch etliche Indianer gewarnet wurden zogen sie heimlich bey der Nacht davon. Nach dem sie nun weg waren/ und die Indianer ihre Unschuld / und der Hispanier Boßheit gründlichen Bericht bekommen hatten/ haben sie ihnen auff 50. Meil nachgeschickt / und sie gebetten/ daß sie wider umbkehreten/ und ihnen/ was sie aus Unwissenheit an ihnen begangen hetten/verzeihen wolten Die Mönche/als Knecht Gottes/und die für die Seel sorgen / haben ihnen geglaubt/und sind wider umbgekehrt/ auch von ihnen als Engel angenommen n orden/ wo innen auch die Indianer ihnen haben dienen können/ist aller Fleiß angewendet worden. Und also sind sie vier oder fünff Monat allda geblieben. Demnach aber die Hispanie. aus diesem Land/ unangesehen des Königs Stadthalter ihnen zum ernstlichen Gebot/ auch sie als abtrünnige Verräther ausschreyen ließ/ jedoch die newe Hispanier zu weit davon gelegen/nicht zubringen/ und weil sie die Indianer zu plagen/zu drucken nicht nachliessen/sahen die Mönch wol/daß endlich keinen guten ausgang gewinnen würde/und fürchten sich/es möchte das Unglück alles auff sie gerathen/ Weil sie auch mit Ruhe und ohne Hindernüß den Indianern nit predigen kondten/darzu dann die Hispanier/welche die Indianer unablässig bedrengten/Ursach gaben/ haben sie beschlossen/von dannen zu ziehen. Und also ist in diesem Königreich das Liecht und gute Unterweisung entzogen worden/

den/

den/ und ſind die Seelen der Inwohner in der Finſternuß der Unwiſſenheit/ und im Jammer und Elend geblieben : Sonderlich weil ihnen alle Artzeney und Erquickung/ der Erkänntnß Gottes/ in der beſten Zeit/da ſie ſchon mit groſſer Begierde und Luſt/ ſolches zu faſſen anfiengen/ gleich als wann man das Waſſer/jungen/zarten Gartengewächſen/da ſie am beſten wachſen und zunehmen ſollen/entzeuhet/benommen worden. Und ſolches alles ſind dieſe verfluchte Hiſpanier Urſach geweſen.

Von dem Land S. Martha.

As Land S Martha iſt ſehr Goldreich geweſen/ darinnen die Indianer Gold gnug ſamleten. Dann ſolches/wie die nach gelegenen ſehr reich/ und die Leut das Gold rein zu machen geſchickt ſind.

Aus dieſen Urſachen haben von ein tauſend 400. 98. biß auff ein tauſend 500. zwey und viertzig faſt unzehliche Tyrannen nacheinand darein geſchifft/ und das Land durchſtreiffet/ die Leut beraubet und umbgebracht/ und alles Gold das ſie gefunden/genommen/und ſich flugs wider in ihr Schiff/die ſtetigs ab und zu gefahren/gemachet. Alſo habe ſie in dieſem Land ſehr übel hauß gehalten/ſonderlich auff gegen dem Meer/auch auff etliche Meyl in das Land hinein/ biß auff das Jahr eintauſend 500. drey und 20 in welchem Jahr etliche Hiſpaniſche Tyrannen allda zu wohnen angefangen Und weil das Land/ wie geſagt/ reich war/ iſt immer einer nach dem andern drein geſetzt worden/ darunter ein Tyranniſcher/ als der ander geweſen/ daß es ſich gleich anſehen ließ/ als wolte je einer mit Wüten ſeiner Vorfahren übertreffen/ und damit ein Ruhm erjagen/ und bleibt alſo die Regel/ ſo oben geſetzt war.

Im Jahr 1529 iſt ein blutgieriger Tyrann/ mit böſem Fürſatz in diß Land kommen/welcher viel Volcks mit ſich geführt hat/ein Gottloſer Menſch/ und der kein Mitleiden gegen den Leuten im Hertzen hett/ auch die ſieben Jahr über/die er gelebt/ groſſen Schatz geraubet. Wie er nun ohne Beicht zum Teufel gefahren/ und von dem Ort/ ſo er ihm zur Wohnung ausgeſehen/weggeriſſen worden/ſind andere/ſo gleichwol ärgere Räuber und Mörder/ als dieſer geweſen/ gefolgt. Solche haben mit den übrigen Leuten/ welche die blutdürſtigen Hund mit ſchneidenden Wehren der vorigen Tyrannen nicht haben können austilgen/ das gar auß gemacht. Sie ſtreiffeten weit in das Land hinein/verwüſteten und raubeten viel Länder/würgeten und nahmen die Leut ihrem Gebrauch nach gefangen/ marterten die Herrn und Unterthanen auff das greulichſt/daß ſie anzeigen ſollen/wo ſie ihr Gold hett-

S. Martha
ſehr Goldreich.

Spanier
verändern das
Land S.
Martha.

Spanier beſ
fleiſſen ſich
Tyranniſch zu
ſeyn.

Spaniſcher
Tyrann im
Land S.
Martha.

Newe hefftige
Tyrannen im
Land S.
Martha.

Spannische
Tyrannen
verwüsten die
Länder.

hetten/und wo die Goldgruben anzutreffen wären. Ubertraffen also in ihrer
Boßheit und wüsten tyrannischem Leben alle die für ihnen gewesen waren
Dadurch haben sie von 1529. Jahr biß auff das Jahr 1542 diese Länder/so
mehr als vierhundert M.il Landes begriffen/die doch zuvor so volckreich/als
andere Länder/davon geredt/gewesen sind/gar wüst und öde gemacht.

Spanische
Bosheiten zu
erzehlen un-
möglich.

Wenn ich nach Warheit alle Boßheit/ alles würgen/verwüsten/schänd-
liches Wesen/Gewalt/Mord/und andere grosse Sünde/so die Hispanier in
diesen Ländern S. Martha/wider Gott und den König/und wider diese unschuldige Völcker begangen haben / erzehlen solte / wolte ich ein sehr grosse
Histori davon schreiben/Aber solches kan wol zu seiner Zeit/so mir GOtt das
Leben gönnet/ geschehen.

Klagschreib n
des Bischoffs
im land S.
Martha/ an
Käiser Carl
V. über der
Spanier Ty-
rannen.

Itzt will ich nur ein wenig vermelden/ was der Bischoff in diesem Land
an unsern König schreibet:Und ist solches Schreiben datirt/den 21. Maij des
1541. Jahrs. Derselbig schreibet nun unter anderm also.

Ich sage noch/ allergnädigster Käiser/ daß der Weg dieser Gegend zu ra-
then sey / das E. Majestät solche den Stieffvättern aus den Händen reisse/
und gebe ihr einen ehelichen Mann/ der sie nicht/ und also wie sie werth ist/zu
halten wisse Und solches ist hoch vonnöthen/daß es so bald es möglich geschehe / sonsten bin ich dessen gewiß / wie sie die Tyrannen / so Stadthalter seyn
sollen/ plagen/ peinigen und martern/ werde es alsbald ein End mit ihr nehmen. Und weiter hernach sagt er:Dadur.h E. Majestät klärlich erkennen/
wie die/so in dieser Gegend guberniren sollen/verdient haben/daß man sie ihres Ampts entsetze/ auff daß die Gemein getröstet werde/welches/so es nicht
geschicht/ kan dieser Kranckheit meinem Verstand und Rath nach/nicht geholffen werden E. Maj. soll auch wissen/daß in diesen Ländern die sich Christen nennen/ nicht Christen sondern Teufel sind/ es sind nicht weder Gottes/
noch E. Maj. Diener/sondern Verräther und Meyneydige/an Gottes Ge-
setz/ und an E. Maj. Und die Warheit zu sagen/ die gröste Hinderniß/so ich
befinde die Indianer/ die sich mit gewehrter Hand widersetzen/friedlich zu le-
ben/zu bereden/und die friedlich sich hielten/ zu unsers Glaubens Bekäntniß
zu bringen/ist diese/daß die so friedlich leben/so unbarmhertzig un Tyrannisch
von den Hispaniern gehalten werden/und also dadurch spenstig und abwendig gemacht werden/dz sie nichts abscheulichers halten als Christen/wel-
che sie in ihrer Sprach Yras/das heisset Teufel/nennen Und dessen haben sie
Ursach genug.

Spanier nit
Christen son-
dern Teufel.
Spanier ver-
hindern mit
ihrer Tyran-
ney dē Christ-
lichen Glau-
ben in Ind.?

Indianer
nennen die
Spanier
Teufel.

Dann die allhie sind/ halten sich nicht wie Christen / noch wie Menschen
die

die Vernunfft und Verstand haben/sondern wie die Teuffel. Daher kombt es/wann die Indianer sehen / daß ihr Leben und Wesen in gemein aller Barmhertzigkeit und Mitleiden entgegen ist / so wol die Häupter als die Glieder anlangende / halten sie es dafür/und meynen gewiß/daß Christen solch unordentlich Leben für ein Gesetz und Regel halten / und daß ihr Gott und König deß Ursach sey.Sich nun bemühen wollen/sie anders zu bereden/ ist vergeben Mühe und umbsonst/und gibt man ihnen nur mehr Ursach zu lachen und Jesu Christi zu spotten. Die Indianer/ so noch wider uns Krieg führen/wann sie sehen/ daß man die/ so im Fried leben sollen/so übel hält/geben sie sich auß Verzweiflung darein/ viel lieber einmal zu sterben/ dann so mancherley Tode/ wann sie den Hispaniern in die Hänt gerathen/zu dulden.Solches könte ich unüberwindlichster Käyser/mit viel Exempeln beweisen/rc. Er sagt auch besser hernach: E.Majestät hat mehr Diener als sie vermeynen/dann es ist kein Soldat / so nicht offentlich und unverholen sagen dürfft/ So er raube/stehle/morde/verderbe und brenne E. Mat. Underthanen/nur daß er Geld herauß bringe/ so die er damit E. Maj. under dem Schein/daß E. Maj ihren Theil davon bekomme. Derwegen aller Christlichster Käiser / wäre es wol von nöthen und gut/ daß E. Maj. zu erkennen gebe/damit daß sie etliche ernstlich straffen ließ/ daß E. Maj. in dem/so wider Gottes Ehr und Gebott/gar kein Dienst noch Gefallen geschehe.

Diese / so jetzt erzehlet / sind deß Bischoffs in dem Land/ S.Martha genant/Wort selbst.Darauß ja klar gnug erscheint/was in diesen Landen wider die armen unschuldigen Leut fürgenommen wird. Er nennet Indianer so Krieg führen/ die/ so in das Gebirg entfliehen/auf daß sie den verfluchten Hispaniern entgehen mögen. Die Indianer so im Fried leben/ nennet er die/ welche/ nachdem sie viel der ihren verlohren/ letzlich under das Joch der tyrannischen und greulichen Dienstbarkeit der Hispanier kommen sind / dadurch abgemattt/verderbt und erwürgt werden. Wie dann auß dem/so der Bischoff schreibt / wol abzunehmen/ welcher doch das wenigst/was die unschuldigen Leut leiden und außstehen müssen/erzehlet.

Die Indianer in diesen Ländern/wann man sie also plaget/und über die Berge hart beladen schleppet / daß sie für Mattigkeit darnieder fallen/ allda es dann an ein schlagen gehet mit Prügeln/da stöst man sie mit Füssen/oder mit den Knöpffen an den Wehren/ die Zähn auß/ daß sie weder aufstehen noch fortgehen sollen/lässet man sie gar nicht ruhe/noch ein wenig verschnauben/da fähret man sie mit den Worten an / (O wie stellest du dich/ du Böse-

H   wicht

Spanier feyen Gott/die Religion und ihren König zu spott.

Spanier verursachen die Indianer zur Widerspenstigkeit.

Spanier bemäntern ihre Rauberey mit ihres Königs Interesse.

Unmenschliche Tractation der Indianer.

welch) alsdann pflegen sie zu sagen / ich kan nicht weiter / schlage mich nur zu todt / O wie begehr ich hie zu sterben. Und solches sagen sie mit jämmerlichen Seufftzen / und daß sie für Mattigkeit kaum die Wort herauß bringen.

Spanische Tyranney unaußsprechlich.

Aber wer kan das hunderste / so die unschuldige Leut von den verfluchten Hispaniern außstehen müssen / erzehlen. Gott wolle es denen zu erkennen geben / die da können / sollen / und denen es gebührt darein zu sehen / und zu steuren.

Von dem Land Carthagena.

Spanische Tyranney in Carthagena.

Das Land Carthagena / ist auf 50. Meil under dem Land S. Martha / gegen Niedergang gelegen / und grentzt mit dem Land Cöna / biß an den Golff von Uraba / welches 100. Meil am Meer her sind. Es ist aber ein sehr groß Land / auf dem Fußvesten Land hinein gegen Mittag. Diese Gegend ist von dem Jahr 1498. oder 99. biß auf diese Zeit sehr übel geplagt / bedrängt / verhergt und verwüst worden / wie das Land S. Martha. Dann in diesen Ländern von den Hispaniern sehr groß Blutvergiessens / Plünderns und Raubens ist getrieben worden. Welche / auf daß ich es deß o kürtzer mache / ich in die Länge zu erzehlen bleiben will lassen / auf daß ich / was sich in andern Ländern zugetragen / anzeigen möge.

Von der Seiten / die von den Perlen den Namen hat / auch von Paria / und der Insel von der H. Dreyfaltigkeit.

Spanier halten nicht Trauen und Glauben.

Von der Statt Paria an / biß an das Golff Venecuela / welches 200. Meil sind / haben die Hispanier hin und wieder grossen Schaden gethan / mit Rauben und Plündern / haben auch lebendig gefangen / wen sie gekönt / solche hernach zu verkasffen / ja sie haben offt wieder alle Zusag / Trauen und Glauben / wann die armen Leut meynten / sie wären am besten mit ihnen dran / und sich ihrer Freundschafft am meisten trösteten / dieselbige gefangen / und zu Selaven gemacht / und hierunder we-

Spanier Dreuen für empfangne Guthaten.

nig betracht / die Gut- und Wolthaten / so sie von diesen Leuten empfangen. Dann sie in ihren Häusern die Hispanier wie Vätter und Kinder gehalten / ihnen allen Gehorsam und Gurthat / die sie nur erdencken mögen / mit frölichem Gemüth erzeigt.

Spanische Tyranney unaußsprechlich.

Es können und mögen die Unbillichkeit / Zwang und Drang / damit die Hispanier die Leut belegt und gepeiniget / nit wol außgesprochen werden / ich will ihrer Thate / allein 2. oder 3. erzehlen / darauß man andere ihre unzehliche böse

böse freventliche und aller Straff und Marter würdige Stück erkennen mag. Insel der H. Dreyfältigkeit.

In der Insel der H. Dreyfaltigkeit genant/ (welche viel grösser und fruchtbarer ist/ als die Insel Sicilia/ und stösset an das Fußveste Land/ an der Seite Paria/ in welcher Gegend auch die Leut ihrer Art nach/ die frömbsten und tugendreichsten unter allen Indianern seynd) als ihn dieselbe im Jahr 1510. ein grosser Rauber ueben 60. oder 70. andern/ die diß Handwerck wol gelernet hatten/ und er mit sich führete/ kommen/ hat er offentlich lassen außschreyen/ daß die Indianer unbedrängt und friedlich bey ihnen bleiben solten. Indianer thun den Spaniern alles guts. Darauf sie die Indianer/ als ihre leibliche Kinder angenommen/ und haben ihnen die Herren und Underthanen in der Insel mit grosser Lust gedienet/ haben ihnen alle Tag so viel Proviant und Essen gebracht/ daran ihrer noch so viel hätten mögen gnug haben: Dann diß aller Indianer in dieser neuen Welt Gebrauch und Freygebigkeit/ daß sie den Hispaniern von allem dem/ so sie haben/ sonderlich was sie sehen/ das ihnen von nöthen thut/ überflüssig mittheilen. Was haben die Hispanier zu thun? Sie lassen ein groß Hauß Arglistiger Anschlag und Mordthat der Spanier. von Holtz aufbauen/ darinnen die Indianer alle beysammen wohnen sollen/ dann die Hispanier hatten es also bedacht/ und wolten/ daß nur ein Hauß darzu gebauet würde/ damit sie das jenige/ was sie schon beschlossen/ desto besser zu vollbringen. Sie bedeckten solches mit Stroh/ und hatten es schon zweyer Mann hoch aufgeführt/ daß also die darinnen nicht sehen konten/ was aussen geschahe/ under solchem Schein/ auf daß es bald verfertiget wurde/ brachten sie viel Volck hinein. Die Hispanier theilten sich/ ein Theil umbgaben das Hauß mit ihren Wehren/ wegen derer so etwa herauß wolten/ die andern Hispanier giengen hinein/ und griffen zur Wehr/ bedroheten auch die nackende Leut/ so sie sich widersetzten/ sie alle umbzubringen: Und bunden sie also/ etliche die davon wolten/ stachen sie zu todt/ jedoch kamen etliche unbeschädigt/ etliche verwundt davon. Solche sampt denen/ so noch nicht in diß Hauß gangen waren/ versamleten sich mit ihren Bogen und Pfeilen in einem andern Hauß/ und waren deren bey 200. Wie sie nun den Eingang für den Hispaniern vertheidigen/ werffen die Hispanier Feuer drein/ und verbrennen die darinnen lebendig/ mit dem andern Raub/ deren in die 200 waren/ sampt denen/ die sich binden lassen/ führen sie davon/ und verkaufften solche halb in der Insel S. Johann/ und die andern in der Insel Hispaniola.

Spanischer Hauptmann will gestrafft seyn. Als ich wegen dieser schädlichen Verrätherey un Missethat/ diesen Hauptmann hart anredete und straffte/ daß ich zu der Zeit/ da er mit dem Raub ankam/in der Insel S. Johann war/antwortet er mir:: Herr/ laßt es bleiben/ und laßt mich zu frieden: Es ist mir also zu handeln befohlen worden / und haben mir/ die mich dahin geschickt/ solchen Befehl geben/ wann ich sie nicht durch Krieg bezwingen könte/ daß ich sie under dem Schein deß Friedens bekriege. Und sagte dieser Haupmann/ er hätte die Zeit seines Lebens nirgend weder Vatter noch Mutter gefunden/als in dieser Insel der H. Dreyfaltigkeit/ die ihm solche grosse Wolthaten erzeigt und bewiesen hatten/ daran sagte er seine grosse Schand und Undanckbarkeit/ und machte dadurch seine Sünde grösser.

Instruction der Spanischt Hauptleute.

Spanier bekennen ihre eigene undanckbarkeit.

Deßgleichen haben sie in dieser Gegend viel begangen/ und haben die armen Leut wider alle Zusag gefangen genommen. Man betrachte doch / was das für Thaten sind: Und ob die Indianer also hinderschlichen und gefangen/ mit Recht mögen zu Sclaven gemacht und für solche gehalten werden.

Spanier handeln mit den Indianern wider Zusage.

Auf ein Zeit/ als die Mönch Prediger Ordens beschlossen/ diesen Leuten zu predigen/ und sie zu bekehren/ welche sonst kein Liecht noch Artzney/ wie jetz noch die Indianer sind/ für sich hatten noch wusten/ haben sie einen auß ihnen/ so ein Licenciat in der H. Schrifft war/ eines heiligen guten Lebens/ sampt einem andern Bruder/ so noch ein Lay/ geschickt/ auf daß sie sich in dem Land erkundigen/ und mit den Leuten handelten/ auch ein bequem Ort/ ein Kloster dahin zu bauen/ außsehen.

Prediger Mönch von den Indianern wol empfangt und fleissig gehöret.

Wie nun solche Münch zu ihnen kommen/ werden sie wie Engel von ihen angenommen/ und höreten ihnen mit grosser Freud/ Begier und Lust zu/ wiewol die Mönch/ so ihre Sprach noch nicht recht verstunden/ mehr durch deuten als reden mit ihnen handeln musten. Nach dem nun das Schiff/ so diese Mönch außgesetzt/ wieder abgefahren/ kombt ein ander Schiff mit Hispaniern dahin / welche bald ihrem Gebrauch nach/ durch Hinderlist/ ohne der Mönche Vorwissen/ den Herrn im Land sampt den seinigen wegführeten. Man nennet aber solchen Don Alonso. Ob solchen Namen ihm die Mönche oder andere Hispanier geben haben/ist mir unwissend. Dann die Indianer der Christen Namen gerne haben/ und derselbigen flugs begehrē/ ehe sie etwas davon wissen/ auf daß sie mögen getaufft werden. Sie überredten gar listiger Weiß diesen Don Alonso / daß er sampt seinem Weib und andern in ihr Schiff gieng/ gaben für / sie wolten frölich mit ihm seyn. Also giengen endlich ihrer 17. mit ihrem Herrn und seinem Weib in das Schiff/ und verließ sich dieser arme Herr auf die Mönche/ so in seinem Lande waren. Dann solche verhoffet er/ würden wol dafür seyn/ daß ihnen von den Hispaniern

Spanier führen einen Indianischen Herrn gar betrieglich hinweg/ und verkauffen denselben sampt seinem Weib/ zu Sclaven.

niern kein Gewalt widerfuhre / sonst würde er sich wol besser bedacht haben/
ihnen zu trauen. Wie nun die Indianer in dem Schiff waren/ fuhren diese
verrätherische Hispanier mit vollem Segel davon / und kamen in die Insel
Hispaniola/da sie solche als Sclaven verkaufften. Wie das Landvolck sahe/
daß ihr Herr und Erbfrau so weggeführt wurden/lieffen sie die Mönche an/
und wolten sie todtschlagen. Wie solche diese grosse Boßheit vernahmen/wä-
ren sie für Leid schier gestorben / und ist gar wol zu glauben/ daß sie lieber das
Leben gelassen hätten/ als zu verwilligen/ daß solche Bubenstück begangen
würden. Dieses war ein grosse Hinderniß/daß solche Leut nit Gottes Wort
hören noch glauben möchten. Sie stilleten die Indianer/auf das beste sie nur
konten/und versprachen ihnen/sie wolten in die Insel Hispantola/so bald nur
ein Schiff ankäme/schreiben und zu wegen bringen/daß ihnen ihr Herr und
die andern wieder zugeführt wurden. Es kam auß Gottes Versehung bald
ein Schiff an/(welches die/so herrschen solten/desto mehr verdammet) dabey
schreiben sie an die andern Mönch in der Insul Hispaniola. Solche schryen
und protestirten etlich mal. Aber die gesagten Verhörer wolten nicht hören/
noch der Mönche Begehren verstehen. / dann sie hatten auch Theil an der
Beut von den Indianern / so die Tyrannen so unbillicher Weiß gefangen
hatten. Die 2 Mönche/so den Indianern im Land zugesagt hatten/sie solten ihren Her:n Don Alonso und die andern in 4. Monat wieder haben/
Als sie sahen/ daß er weder in 4. noch 8. Monaten kame/schickten sie sich zu
sterben/uñ ihr Leben dem wieder zu überantwortẽ/dem sie solches/ehe sie auß
Hispanien gezogen/gelobet. Und also rächen sich die Indianer an billich/ihñ.
wiewol die armen Mönch unschuldig darzu kamen: Aber sie hielten es da-
für/diese Mönch hätten die Verrätherey gewust und angestelle. Und weil sie
sahen/ daß was ihnen die Mönch für gewiß zugesagt hätten/ gar nicht geschehen wolt/nemlich/daß in 4. Monat ihr Herr wieder solt bey ihnen seyn:
Es wusten auch die armen Leut nicht/und wissen es in diesem Land noch nit/
was für ein Underscheid unter den Mönchen/und den andern Hispaniern/so
Tyrannen/Mörder und Rauber seyn/zu halten.

Also musten diese arme Mönche unschuldiger Weise bezahlen/was andere verdient hatten.

Auf ein ander Zeit/wegen der grossen Tyranney und abscheulichen Tha-
ten/dieser bösen Christen/brachten die Indianer 2. andere Mönch Domini-
ci Ordens/und einen Barfüsser Mönch umb/dessen ich gute Zeugniß geben
kan/dann ich dasselbig mal wunderbarlich dem Tod entgangen. Von wel-

H iij   chem

chem Handel schwer zu reden/und würden sich/die es hörten/von wegen deß erschröcklichen Thuns/zu sehr darüber entsetzen. Derhalben ich auf dißmal davon zu reden/dann ich es zu lang machen würde/biß zu seiner Zeit/und an den Tag/da es offenbar werden wird/wann Gott von dieser so grausamen Rauberey/ welche diese/ so den Christlichen Namen führen/ wider die Indianer ungescheuet begehen und treiben/Rechenschafft fordern wird/will beruhen lassen.

Higuereto mit den seinen sehr diensthafft und getreu gegen den Spaniern.

Auf ein andere Zeit/hat er sich in diesen Ländern/ an dem Cap. de la Codera/wie sie es nennen/zugetragen. Allda ligt eine Statt/darinn herrschet ein Herr/hieß Hiquereto/welches entweder ein Tauffname ist/ oder werden alle Herren deß Orts sonst also geheissen . Dieser Herr war so ehrerbietig sampt seinen Leuten gegen den Hispaniern/so diensthafftig / daß alle Hispanier / die zu Schiff diß Orts kamen/ gute Wartung und Außrichtung funden/daß sie sich mit Proviant und andern allda erquicken/darzu sicher außruhen kunten. Es hatte auch dieser Herr ihrer viel bey dem Leben erhalten/ von denen / so auß andern Ländern/ ein theil kranck und von Hunger verschmacht/kommen waren/solcher hat er wol außgewartet/und hernach in die Insel von den Perlen genant/ da die Hispanier sich hielten/geschickt/ungeacht/daß er dieselben unvermerckt/und gantz wol verschwiegen/gar wol hätte tödten und umbbringen mögen/und kurtz zu sagen/ alle Hispanier nenneten deß Higuereto Leut ihr Heimat und gemeine Herberg.

Spanischer Tyrann entführet ein gantz Schiff voll Indianer betrüglicher Weiß.

Ein verfluchter Tyrann unterstund sich auch diese Leut/und da sie sich solches am wenigsten befahreten/ zu verderben. Wie er nun mit seinem Schiff dahin kombt/ reitzet er viel an/ daß sie zu ihm in sein Schiff kamen/ welches dann zuvor auch offt geschehen / dann sie hatten keinen Mißtrauen in die Hispanier. Wie nun viel Leut in dem Schiff von Mannen/ Weiber und Kindern waren/stosset er von Land/und fähret in die Insel von S. Johann/ da er sie alle für Sclaven verkaufft hat. Ich bin gleich in die Insel kommen/ und hab den Tyrannen gesehen/und vernommen/was er begangen hat. Hat

Ein Spanischer Tyrann verderbt dem andern den Handel.

also diese gantze Statt verderbt/welche den andern Hispanischen Tyrannen zu grossen unstatten gereicht. Dann sie auf dieser Seiten viel und offt zu plündern und zu rauben gepflegt/ wie sie dann selbst ein Abscheu über dieser That/darumb daß sie also ihr gewisse Herberg/als wann sie in ihren eigenen Häusern gewesen/dadurch verlohren hatten

3. Million Indianer auf einem Land

Ich kann und mag nicht alle unzehliche und böse Thaten/ so in diesem Land geschehen/und noch täglich verbracht werden/erzehlen/Sie haben auß

die-

dieser Gegend/ welche sehr volckreich gewesen/ in die Insel S. Johann und Hispaniola über zwo Million Seelen verführt/ die sie alle geraubet und gestohlen haben/ welche alle in obgemeldten Inseln/ in dem Bergwerck und von anderer schwerer Arbeit umbkommen/und gestorben sind/ ohne was zuvor für Volck/ wie obgemeldt/ die schon in diesen Inseln gewesen/abgemartert worden. *außführt und umbs Leben gebracht.*

Und stellet es gewißlich erbärmlich/ und darüber einem das Herz verspringen möchte/wann gleich einer ein stählern Herz hätte/in dieser ganz Gegend/ so zuvor sehr fruchtbar und volckreich gewesen/ jetzt aber ist es alles verwüst und unbewohnt. *Spanier verwüsten gute Länder.*

Das ist gewiß und kundbar /wann sie also ganze Schiff roll geraubter Indianer wegführen/ worffen sie allwege wol den dritten Theil ins Meer/ außgenommen die/so auf dem Platz blieben/wann man sie also mit Gewalt wegführen will. Ursach ist/weil sie allzeit/was sie ihnen fürsetzten/zum End hinauß führen wolten/ derwegen viel Gelds zu lösen/ müssen sie auch viel Volck zu verkauffen haben. Sie führen aber wenig Proviant zu Wasser für wenig Leut mit sich/ dann die Tyrannen/ so solche Schiff außrüsten/nicht gern viel drauff wagen. Und haben selten die Hispanier selbst/ so auf den Schiffen zu rauben außziehen/für sich Proviant gnug/derhalben die armen Indianer Mangel leiden müssen/und sterben sie al o vor Hunger und Durst dahin/dazu ist kein andere Hülff/dann daß man sie ins Meer werffe. *Spanier werffen die Indianer ins Meer. Ursach Spanischer Tyranney und Rauberey.*

Es hat mir einer auß diesen Hispaniern für warhafftig gesagt/ daß von den Inseln de Lucayos auß/da dann grosse und böse Thaten von den Hispaniern geübt sind worden/ biß in die Insel Hispaniola/ welches in die 70. Meil sind/ein Schiff ohne Compaß oder Meermappa geschiffet sey/ und habe solches nur seinen Lauff nach der todten Indianer Cörper/ so in das Meer geworffen waren/und darauf hin und wieder getrieben wurden/gerichtet. *Spanier brauchen die erschlafften Indianer an Compasten statt zur Schiffart.*

Wann sie nun in eine Insel/ oder an das Ort/ da sie solche zu verkauffen hinführen/ kommen/da möchte erst einem/ der kein steinern Herz hätte/und nur ein Tröpfflein Mitleidens darin stecket/solches zerbrechen/wann er sihet erbärmlich. die armen nackende Leut/ Jung und Alt/ Manns- und Weibsbild/ von Hunger und Durst außgemärgelt/für Mattigkeit dahin fallen. Alsdann scheidet man sie von einander/wie die Schafe/ die Eltern von den Kindern/ und die Weiber von ihren Männern/und macht man Hauffen/von 10.oder *Spanische Vertheilung der entführet Indianer sehr erbärmlich.*

20. Per-

20.Perſonen/ Darüber wirfft man das Loß/ auff daß die verfluchten Böß-
wichter/ſo die Schiff außgerüſtet/auch ihren Theil davon nehmen/und ſolche rüſten 2. oder 3. Schiff auß/für die tyranniſche Meerrauber/welche dieſe
arme Leut alſo in ihren Häuſern und Wohnungen überfallen und liſtig wegführen.

Wann nun das Loß auff einen Hauffen fälle/ darin etwan ein Alter oder
ein Krancker iſt/ ſagt der Tyrann/ dem ſolcher Alter iſt zugetheilt worden.
Daß dieſen Alten der Teuffel weghole. Warumb gibt er mir ihn/nur daß
ich ihn ſolle begraben laſſen/und dieſer Krancker/was ſoll er mir/ſoll ich ihn
heilen laſſen? Darauß ſehe man/wie die Hiſpanier die Indianer halten/und
ob ſie auch/ Gottes Gebott anlangende/ die Lieb gegen dem Nächſten erfül-
len/an welchem das Geſetz und die Propheten hangen.

Die Tyranney/welche die Hiſpanier gegen den Indianern gebrauchen/
ſo die Perlen fiſchen müſſen/iſt allererſt der greulichſten und verfluchtſten ei-
ne/die man erdencken mag. Es iſt kein ſchwerere noch verfluchtere Arbeit auf
Erden/ dann dieſe/ wiewol die Arbeit in den Goldgruben ſehr ſchwer/ſauer
und böß iſt. Sie müſſen ſich under das Meer tauchen/von Morgen an/ biß
die Sonne zu raſt gehet/3.4 oder 5.Klaffter tieff/ darunter ſie ohne Ruhe
und faſt ohne Verſchnauben ſchwimmen müſſen/und die Muſcheln/ darinnen die Perlen gefunden werden/ſuchen und abreiſſen/waß ſie herfür ſchieſ-
ſen/ müſſen ſie ihre Netzlein voll ſolcher Meerſchnecken oder Muſcheln ha-
ben/daß ein wenig Athem holen. Bey ihnen hält ein Hiſpaniſcher Hencker
in einem kleinen Schifflein / und ſo dieſe arme Leut ein wenig zu lang auß
dem Waſſer bleiben zu ruhen/iſt er bald da/und ſtöſſet ſie/ und zeuhet ſie mit
den Haaren wieder under das Waſſer / weiter zu fiſchen. Ihr Speiß iſt
Fiſch/ und gemeiniglich dieſe Meerſchnecken /ſo die Perlen haben/ und ein
wenig Brod von Cacabi und Maltis/ davon man in dieſem Land Brod
macht/ das eine gibt gar geringe Nahrung/ das ander iſt ſehr ſchwer zu ma-
chen/ und gibt man ihnen deſſen nicht ſo viel/als ſie gern eſſen. Die Beth/
darauff ſie liegen/ſind/daß man ihnen die Bein in ein Stock ſchlieſſet/auff daß
ſie nicht davon lauffen. Es kombt offt/ daß ſie erſauffen/ über der ſchweren
Arbeit/wann ſie mattloß werden/oder erſchnappen ſie die Tuberones und die
Maroxos/ welches zwo Art von Meerwunder oder Fiſchen ſind/ welche einen gantzen Menſchen zerreiſſen und freſſen können.

Man betrachte/ ob in dieſem Perlenfang die Gebott Gottes gehalten
werden/anlangende die Liebe gegen Gott und dem Menſchen. Dann dieſe
arme

arme Leut in Gefahr deß Leibs und der Seelen Verderbnus gestossen wurden. Dann sie bringen durch ihren Geiz den nechsten umb / da sie weder im
Glauben zuvor unterricht seyn/ noch der Sacrament theilhafftig werden/
oder martern einem also sein Leben ab / daß ers nicht lang außtauren noch
ertrauren kan. Dann es ist unmüglich / daß ein Mensch lang unter dem
Wasser ohne Athem leben möge. Die stätte Kälte dringt zu sehr durch/ und
sie sterben gemeiniglich/ daß sie Blut außspeyen/ welches kombt von der En-
ge umb die Brust/ wann sie so lang den Athem an sich halten / und solchen
unter dem Wasser nit holen dörffen/ und kombt der Blutgang von der Kält.
Ihre Haar/ so auff dem Kopff von Natur schwarz seyn / ändern sich / und
sehen/ als weren sie Feurroth und verbrennt / wie die Haar an den Meer-
wölffen. Auff den Achseln wächst ihnen Salpeter / und sehen wie die Meer-
wunder/ oder gar eine andere Art von Menschen. Sie haben in dieser un-
träglichen Arbeit/ oder rechter zusagen/ Teuflischer Ubung/ fast alle India-
ner/ die Insel Lucayos / so sie darinnen gefunden/ nach dem sie diesen Genieß
geschmeckt / hingerichtet / und kaufften sie einen solchen Indianer umb
dreyssig oder hundert Castilianer. Sie verkaufften solche offentlich / wiewol es durch die Regierung/ welche sonst unbillich ist/ verbotten worden/
dann die auß der Insel Lucayos seynd gute Schwimmer. Sie haben unzehlich auß andern Inseln also hingericht.

Spanier brin-
gen die Indias
ner umb Leib
und Seel.

Von dem Wasser Yuia Pari.

Es laufft durch das Land Paria ein Wasser/ mit Nahmen Yuia Pari / wol auff zweyhundert Meyl in das Land hinein. Auff diesem
Wasser ist ein verfluchter Tyrann/ im Jahr 1529. mit vierhundert
Mann oder mehr / sehr weit hinein gefahren. Solcher hat groß Unglück
gestifftet / sonderlich viel lebendig verbrennt/ und unzehliche Indianer durch
die Schärffe deß Schwerts hingerichtet / und fand er solche in ihrem Land
und Häusern in guter Ruhe/ befahrten sich für nichts/ und begehrten auch
niemand etwas zuthun. Letztlich ist er eines bösen Todts gestorben / und ist
also sein Heer zerstreuet worden.

Yuia Pari
ein Wasser.

Spanischer
Tyrann auff
dem Wasser
Yuia Pari.

Tyrann stirbet
eines bösen
Todes.

Nach ihm sind andere kommen/ die alles verhergen/ unn werffen also die See-
len/ welche der Sohn Gottes durch sein Blut erlößt/ in Abgrund der Höll.

Spanische
Tyrannen brin-
gen die Leuth
umb Leib und
Seel.

Spanier han-
deln betrieglich
mit ihren Kö-
nig.

Von dem Königreich Benecuela.

Im Jahr 1526. hat unser Herr König / dazu durch listige Ränck u-
beyredet (Wie dann die Hispanier sich jederzeit befleissiget haben/ ihr er-
Mayest.

J

Mayestätt den Schaden und Verderben / so Gott und die armen Seelen in India leyden müssen / zuvermänteln und zuerzehlen) das grosse Königreich Venecuela / welches grösser als gantz Hispania ist / sambt der Herrschung und gantzem Gebiet / etlichen Teutschen Kauffleuthen eingerammbt und eingeben / wie dann gewisse Capitulationen und Verträg sind auffge-

richtet worden Wie solche in diß Land mit dreyhundert Hispanischen Kriegsvolck oder mehr kommen / haben sie die Inwohner schlecht und einfältig gefunden / wie sie dann in andern Orthen Indien gleich / auch also genaturt

sind / ehe ihnen die Hispanter Uberlast zufügen.   Es haben sich aber diese Teutschen ärger als alle vorige Tyrannen erzeigt / und haben sich unmitleydlicher und grausamer gehalten / als die wilden Tiegerthier / oder reissende Löwen und Wölff / dann sie hatten uber das gantze Land zugebieten / drumb sie auch freyer drinnen waren / und trachteten mit grossem Fleiß auff nichts anders / als auff Weeg und Weiß (dann sie der Geitz gar besessen / blind und thöricht gemacht hatte) daß sie / wie gemelt / all ihr Sinn und Gedancken / all ihr Anschläg / Mühe und Arbeit / nur allein dahin richten / wie sie Gold und Silber samblen / und zuwegen bringen möchten / derwegen hatten sie alle Gottsforcht weit hindan von sich geworffen / geben auch auff den König nichts / und also zusagen / halte sie sich selbst gar vergessen / dz sie Menschen weren.

Diese Teuffel in Menschen Gestalt / haben mehr als vierhundert Meyl / eines fruchtbaren Bodens verderbt / und darinnen grosse und wunderbare Länder / weitte lustige Thäler / die offt eins viertzig Meyl begriffen / schöne grosse Flecken / so voller Leut und Gold waren. Sie haben umbgebracht und außgerottet mancherley Völcker / auch also / daß derselbigen Sprach verlohrn / und außgeloschen ist / weil keiner solcher Reden ubergeblieben ist / es were dann / daß sich etliche in den Hölen und unter der Erden verhalten / und ihrem schneidenden Schwerd / entgangen wäre Sie haben wie gesagt / umbgebracht / und die Höll gestürtzt / durch wunderliche und neue Marter und Gottloß Wesen / mehr / wie ich glaub / denn vier oder fünff Million Seelen / und hören noch nicht auff / in ihrer Tyranney fortfahren. Ich wil nur drey oder vier ihrer Thaten erzehlen / darauß man abnehmen kan / wie die andern müssen seyn geschaffen gewesen.

Sie haben den Oberherrn im Land / ohne einige Ursach / gefangen / nur daß sie sein Gold bekommen möchten / haben auch solchen gemartert. Aber er brachte sich auß / und entflohe in das Gebirg.   Derhalben empöreten sich die Unterthanen auch / und verbargen sich in das Gebirg und Höltzer. Die Hispautern ziehen ihnen nach / solche zusuchen / und treffen sie an / und

verbrin

verbringen ein groß Blutvergieſſen/ die ſie lebendig bekommen und fange/ verkauffen ſie hernach öffentlich denen/ ſo am meiſten dafür gaben/ für Sclaven.

In allen Landen/ in welchen ſie die Oberherrn gefangen / ſeyn ihnen die Indianer mit Geſang und allen Freuden entgegen kommen/ und ſie alſo ihnen auch groſſe Verehrung von Gold gebracht. Den Danck/ ſo ſie davon gehabt iſt geweſen/ dz ſie ſind zu ſtückern gehauen worden. **Böſer Danck für Guthat.**

Wie ſie auff eine Zeit die Hiſpanier ihrem Gebrauch nach haben empfangen wollen/ hat ihr Hauptmann der Teutſche Tyrann ihrer ein groſſe Anzahl/ in ein Hauß mit Stroh gedeckt / ſperren und ſie darinnen alle erwürgen laſſen. Weil aber ihrer viel auff die Balcken geklettert/ dem Schwert zuentgehen/ hat dieſer Teuffliſche Menſch / das Feuer in das Hauß werffen laſſen/ und alſo die noch darinnen lebendig verbrennt Dadurch iſt das Land gar eröſet worden/ allein etliche ſind in das Gebirg / ihr Leben zuretten geflohen. **Erſchröckliche Tyranniſche Thaat.**

Entlich ſind ſie in ein anders groß Land / ſo mit dem Königreich und Land S Martha genandt/ grentzet/ kommen/ da ſie die Indianer in ihren Flecken und Häuſern an der Arbeit angetroffen/ im Fried alſo lebend. Bey ſolchen haben ſie ſich lang auffgehalten/ und ihr Gut verzehren helffen / dann die Indianer alſo auff ſie wartende/ und ihnen dieneten/ als wann ſie Leib und Leben von ihnen hetten/ und liedten mit Gedult die täglich Überlaſt und Gewalt/ ſo doch faſt unverträglich waren. Dann ein freſſender Hiſpanier mehr einen Tag friſt und verzehrt/ dann davon ſich ein gantzen Monat zehen Indianer erhalten können. Sie gaben ihnen die Zeit über gar viel Golds/ ohn was ſie ſonſten ihnen viel freund-chaffe und Dienſt erzeigten. Letzlich / wie dieſer Tyrann hat wollen wegziehen/ haben ſie ihre Heerberg auff nach-folgende Weiß bezahlt / und dem Wirth gelohnt. Der Gubernator und Teutſche Tyrann befahl/ daß man alle Indianer/ ſo viel man derer bekommen könte/ mit Weib und Kind fangen ſolt/ und ſolte ſolche in groſſe Geſchrenck/ ſo dazu zugerichtet wurden/ einſperren/ und ihnen ankündigen / welches frey herauß wolte/ ſolte ſich umb ſo viel oder ſo viel Golds für ſich oder ſein Weib oder Kind/ nach deß Gubernatorts Gefallen löſen. Und daß er ſie deſto beſſer zwingen möchte/ gebott er / man ſolte ihnen nichts zueſſen geben/ biß daß ſie das Gold für ihre Rantzion erlegt hetten. Viel ſchickten in ihre Häuſer nach Gold/ ſo ſie noch hatten/ ſich zulöſen/ wie ſie köndten. Die nun loß wurden/ zoge widerum heimb an ihre Arbeit ihr Leben zuerhalten. **Spanier freſſen auff was die Indianer erſparren.**

Undanck der Spanier gegẽ den Indianern

Türckiſche und Tyranniſche Schetzung der Indianer.

Indianer zum andernmal gefangen und geschätzt.

Es schicket aber dieser Tyrann etliche Hispanische abgerichte verschmützte Buben auß/ daß sie die also loß waren wider fiengen/ sich zum andernmahl zulößen/ solche wurden wider in das Geschrenck geführt/ und mit Hunger und Durst so lang gepeiniget/ biß sie sich noch einmal löseten. Also wurden ihrer viel zwey oder dreymal gefangen/ und wider gelößt. Die andern so nichts zugeben/ oder die alles was sie gehabt/ schon dargeben hatten/ musten also in diesem Geschrenck Hungers sterben.

Arme Indianer erhungert.

Auff diese Weiß ist ein sehr reich Land von Leuthen und Gold verderbt worden/ in welchem Land ein Thal viertzig Meyl lang ist/ darinnen Flecken verbrennt worden sind/ von tausen Feuerstätten.

Venezuela wird zu Grund verderbt/

Dieser Tyrann wurde Raths/ weiter in das Land hinein zuziehen/ mit grossem Verlangen/ auff dieser Seite die Hall in Pacu zufinden. Wegen dieser verfluchten Reiß/ hat er und andere unzehlede Indianer mit sich geführet/ welche 4. auch wol 5. Centner schwer/ dazu angeschmiedet/ tragen musten.

Unträgliche Last der Indianern auffgeladen.

So einer für Mattigkeit/ Hunger oder Durst unter dieser Last umbfiel/ oder nicht fort kunte/ hieb man ihnen alsbald den Kopff über dem Halßeysen ab/ auff das man die andern/ so auch an Ketten geschmidet in Halßeysen giengen/ nicht dürffte außschliessen/ und fiel also der Kopff auff die eine/ und der Leib auff die ander Seiten/ Deß Last so also dahin war/ theilete unter die andern auß/ welche also schwer tragen musten.

Manche Indianer worden in Halßeisen gekopfft.

Die Länder so sie verwüstet/ zuerzeblen/ und die Stätt und Wohnung/ so er mit Feuer angesteckt und verbrennt (dan alle Häuser von Stroh sind) auch die Anzahl Leut/ so er erwürget hat/ und andere tyrannische Thaten/ so er auff dieser Reiß begangen/ würde schwer zu glauben fürfallen/ wie viel es mit der Warheit erzeblet und dargethan werden könte/ würde aber erschröcklich zuvernehmen seyn.

Ursächliche Tyrannen der Spanier und Teutschen.

Diesem Weeg seyn hernach andere Tyrannen mehr/ die auß diesem Königreich Venezuela kommen/ und andere auß dem Land S. Marcha gezogen/ welcher Fürsatz aller gewesen/ daß liebe H. Hauß von Gold in Peru zusuchen. Und haben solche diese gantze Gegent auff zweyhundert Meylverbrennt/ verhergt und ohnbewohnt befunden/ so es doch überall sehr fruchtbar un Volckreich gewesen ist. Solche/ wiewol sie selbst grausame unbarmhertzige Tyrannen waren/ haben sich verwundert/ und über solchen verwüsten entsetzt.

Ein Tyrann entrichtet Scheebet/ß andern Tyrannen.

Kein Straff noch Creatur wider die Spanische Tyranney.

Diese Sachen und Thaten alle/ sind mit viel Zeugen durch den Fiscal deß Indianischen Raths überwiesen worden/ und wird solches Zeugnis von dem Rath auffgehoben. Aber man hat derwegen noch keinen dieser verfluchten Tyrannen lebendig verbrennt. Und ist also vergebens/ was man von

solchem

solchem verwüsten und übel/ die/ so solches gestifftet und vollbracht haben/ überwiesen und überzeuget hat Ursach daß alle die Justitia in India administriren sollen/biß auff diese Zeit/wegen ihrer Blindheit/darein sie der Geitz führet/ihnen noch nicht Weil und Zeit nehmen wollen/solche Mißhandlung/ Ubertrettung/Ubelthaten/Morden und verderben/so die Tyrannen in India begangen haben/und noch täglich begehen/zu überlesen und zu erwegen/und sagen nur allein/von des oder deswegen/so den Indianern so übel mitgefahren/kommen unserm König soviel tausend Castilianer weniger ein. Und bey solchem geringen schlechten Verweise/ so vieler Mißhandlungen/ lassen sie es bleiben.

Geitz hindert die Justitiam.

Aber gleichwol so geringschätzig sie es machen/ haben sie doch dieses keinen Grund/rechnen es auch nicht/wie sie billich thun solten/ dann so sie ihr Ampt gegen Gott und ihrem Könige recht betrachten/ so würden sie finden/ daß nur alleine die Teutsche Tyrannen dem König mehr als umb drey Million Castilianer betrogen haben. Dann die Länder Venecuela sampt den andern Ländern/so sie verherget/ und die Völcker darinnen ausgerottet haben/ wol in die 400. Meil in die Läng/ sind sehr lange und Goldreiche Länder gewesen/ und so gut als kaum ein Land in der Welt zu finden/also/ daß sie die sieben zehen Jahr über/ da sie als Feind Gottes und des Königs/ diese Länder zu verwüsten angefangen/dem König in Hispanien an seinem Einkommen/ nur in diesem Königreich über die zwo Million Golds haben Schaden gethan. Und ist keine Hoffnung/daß dieser Schad möchte oder köndte erstattet und wider gebracht werden/so lang die Welt stehet/Es were dann/daß Gott durch sonderlich Wunderwerck / so viel Million Seelen/als umbgebracht sind worden/wider erweckt wolt.

Venecuela ein Goldreich Land.

Unwiderbringlicher Schade und Verderb in m Venecuela.

Das ist nur ein weltlicher Schad dem König zugefügt. Nun were wol gut/daß man auch betrachten thet/was und wie groß der Schad/Schmach/ Lästern und Unehr sey/ so Gott und seinem Gesetz widerfahren/ und durch das Mittel so viel Seelen erlöst und widerbracht könten werden/so wegen dieser teutschen Tyrannen Geitz und Tyranney in Abgrund der Hellen bressen.

Weltlicher und Seelen Schad durch die Teutsche in Venecuela begangen.

Ich wil nun von der verfluchten Tyranney zuschreiben auffhören/ Allein das muß ich noch melden/nemlich/daß sie die 17 Jahr/ da sie in die em Land sind/ viel Schiff voll Indianer für Schlaverey verkauffen gen S. Martha/in die Insul Hispaniola/Jamayca und in die Insel S. Johann geschickt haben/ wol mehr als ein Million Seelen/ und schicken deren noch täglich in diesem ein tausend fünffhundert zwey und vierzigsten Jahr dahin.

Unehliche Indianer zu Schlaven verkaufft.

J iij Sol

Solches sihet die Königliche verordnete Regierung in dieser Insel Hispaniola/und stellen sich doch/ als sehen sie nichts/ vertuschen es also/ ja schützen und stärcken sie wol darauff/wie dann ihnen die Augen zu sind/ gegen alle andere Tyranney und rauben ohn Zahl/ so auff dem Fußfesten Land an dieser Seite geschehen sind/ und so noch täglich geschehen/ als im Königreich Venecuela und S. Martha/so unter einem Gebiet ist. Und hette solches die verordnete Königliche Regierung wol wehren können. Es ist kein andere Ursach/warumb sie die armen Indianer also unterdrucken/ dann der verkehrte/ boßhafftige Sinn/ und verfluchte Begierde dieser geitzigen Tyrannen/ so nicht voll noch erfättigt werden mögen. Wie dann alle andere Tyrannen jederzeit überall an allen Orthen gethan haben/ nehmen diese arme Leut in ihren Häusern/ wie die Schaaf aus den Heerden gefangen/ und führen ihre Weiber und Kinder hinweg/und brennen solche mit des Königs Gemerck/ daß man sie für Sclaven halten soll.

Von den Ländern des Fußfesten Landes/ in der Gegend/ so man Florida nennet.

JN diese Länder sind zu unterschiedlichen Zeiten/ vom 1510. und 1511. an/ drey Tyrannen gezogen/ in solchen/ wie in andern Ländern Indiæ zween aus ihnen schon zu handeln gewohnet/ ihre Thaten zu häuffen/ und dadurch höher zu steigen/als ihr Standt werth ist/ und noch höher/ als sie es durch ihre Thaten verdient/ dann sie nur ihren Nechsten beleidiget und umbgebracht haben. Sie sind auch alle drey eines bösen Tods gestorben/ und dahin gangen/und mit ihnen ihre Häuser/ die sie mit Menschenblut erbawet/ auch hingeriffen worden. Und ich kan diß von den dreyen Zeugen/daß ihr Gedächtnüß nun von dem Erdboden hingeriffen ist/ als wenn sie nie weren geborn gewesen. Sie haben diese Länder verwirret und verirret gelassen/und ihre Namen/bey jederman verflucht und abschewlich wegen etlicher Blutbad/ die sie gestifftet haben. Wiewol ihnen bald ist gekewret worden/dann sie GOtt dem Todt dahin gegeben hat/ ehe sie mehr übels anrichteten/und hat ihnen die Straff in diesen Ländern zugeschickt/ wegen der begangenen bösen Thaten/ die ich weiß/und sie in andern Orten Indiæ habe begehen gesehen.

Der vierdte Tyrann/ ist letzlich im Jahr ein tausend fünffhundert acht und dreissig/in diese Länder kommen/ wol ausgerüst/und mit einem bösen Fürsatz. Von solchem hat man in dreyen Jahren keine Zeitung/ wohin er kommen.

Das

Das weiß man gewiß / daß er in seiner Ankunfft sich Tyrannisch gnug
angelassen hat/ darauff ist er gleich verschwunden   So er noch im Leben/so
haben gewiß er und die seinen diese drey Jahr über grosse Völcker außgerot-
tet/so er anders Leut auff dieser seiner Reiß angetroffen. Dann er ist wol be-
kandt/und der fürnemsten einer aus denen/die am meisten Unglücks/Scha-
dens/Boßheit und Verderbnüß in vielen Königreichen und Ländern mit ihren Gesellen gestifftet/angericht und verbracht haben. Derhalben glaube ich/
daß ihm GOtt ein solches Ende wie den andern zugeschickt hab.

Spanisches
Tyrannens
Teuffel Ma-
jo.s/Todt.

Drey oder vier Jahr nach dem diß/so jetzt gemeldt/geschrieben ist worden/
sind aus dem Land Florida die andern Tyrannen / so mit diesem gezogen/
zum Theil widerkommen und sagen/ daß der Teufel Major todt sey/melden
darneben von dem grossen Ubel und Wüten/so fürnemlich bey seinem Leben/
und hernach von den seinen ist gestifftet worden/und was diese unbarmhertzige Leut / wider die unschuldigen Indianer/ die niemand jemals schädlich gewesen sind/begangen haben. Ist also/was ich besorget hab/wahr worden/und
solche Boßheit so groß gewesen/daß dadurch die Regel/ so ich im Anfang ge-
setzt/bekräfftigt worden : Nemblich/ daß je weiter sie hindurch kommen Länder
zu suchen/solche zu verderben/und die Leut zu erwürgen : Je grösser auch ihr
Wüten und Tyranney zunimbt und je mehr sie auch gewachsen und gesti-
gen/wider GOtt und ihren Nechsten.

Regel von der
Spanischen
Tyrannen zu-
nehmenden
Wüterey.

Es verdreust mich solche abscheuliche/ greuliche Thaten/ nicht von ver-
nünfftigen Menschen/sondern von wilden Thieren begangen/zu erzehlen/der-
halben ich sie nicht erholen mag. Sie haben viel grösser Völcker/deren Poli-
cey wol bestellt und angeordnet gewesen/ angetroffen/ Sie haben auch viel
Blutvergiessens getrieben/ dadurch in der armen Leut Hertzen ein Forcht zu
bringen.   Sie bedrangten tödteten und beschwereten sie mit grosser Last/wie
die unvernünfftigen Thier. Und wenn einer mattloß wird oder fiel auff daß
man nicht dörffte die gantze Ketten auffmachen/ und die andern wider ein-
schliessen (dann die Halseysen/darinnen sie gehen musten/an Ketten angeschmiedet waren) hieben sie ihr den Kopff an den Halseysen weg/ daß also
derselbige auff eine / und der Leib auff die ander seiten fielen/ Inmassen wir
dann oben erzehlet/daß sie es in andern Ländern auch getrieben haben.

Grauliche
Tyranney der
Spanier.

Spanier ha-
ben den In-
dianern die
Köpffe über
den Halseysen
sein ab.

Als sie auff eine Zeit in einem Flecken von den Indianern mit Freuden empfangen waren worden/die ihne die Bäuch voll zu essen gaben/dazu mehr als
600. Indianer/ die ihnen den Plunder tragen solten/ welche als die Thier
arbeiteten und ihnen ihrer Pferd warteten.   Als nu/ sag ich/ die Tyrannen
hin-

Indianer er-
weisen den
Spaniern
alles guts.

Spanischer
Hauptmann
überfällt die
Indianer un-
versehens.

Erschreckliche
Tyranney der
Spanier.

hinweg gezogen wahren/ kehrete ein Hauptmann wider umb/ diß Völcklein/
das sich nichts wenigers befahrte/ sich auch nichs förchtete/ zu berauben/ ren-
neten auch den Herrn im Lande mit einem Speer zu todt/ und übeten sonst
viel Tyranney mehr.

In einem andern Flecken/ weil sie merckten/ daß die Innwohner darinnen
ihnen zu nahe auff dem Halß waren/ und auff ihr Thun zu gnau achtung ga-
ben/ weil ihnen/ was sie anderswo für abschewliche Thaten gestifftet/ unver-
borgen war/ machten sie sich an solche/ und brachten durch die Schärffe des
Schwerdts alles um/ und verschoneten gar niemands/ wolten auch niemand
zu Gnaden annehmen/ es were gleich jung oder alt/ groß oder klein/ Herr oder
Unterthan/ sondern es muste alles umbgebracht seyn.

Spanischer
Tyrann läst
den India-
nern Lefftzen
und Nasen
abschneiden.

Der Tyrann Major ließ einer grossen Anzahl Indianer über 200. die
man aus einem Flecken gefordert hat/ oder für sich selbst kommen waren/ die
Nasen und Lefftzen/ biß auff das Kien abschneiden/ und also jämmerlich ge-
stümmelt und in diesem bittern Schmertzen/ daß ihnen immer das Blut herab ran/ schicket er sie wider von sich/ daß sie den ihren anzeigten und newe Zeitung brächten/ von den schönen Wercken und Wunderthaten/ so diese ge-
taufte Prediger des H. Catholischen Glaubens thäten.

Schöne
Früchtlein
der Spani-
schen Chri-
sten.

Spanischer
Tyrann stirbt
sine crux &
lux.

Man betrachte nun/ was das für Leute müssen gewesen seyn/ Was für Lieb
sie zu den Christen getragen haben/ und wie sie geglaubt haben/ daß ein Gott
sey/ welcher/ sagen sie/ ist gütig und gerecht/ Und das sein Gesetz und Religion/
des sie sich rühmen und dazu bekennen/ ohne Mackel sey. Die Thaten sind
über böß und groß/ so diese verfluchte Leut begangen haben/ welche rechte Kinder der Verderbnüß kommen genennt werden. Es ist auch dieser verfluchte
Gottlose Hauptmann ohne Beicht gestorben: Und wir zweifeln gar nit dran/
daß er in der Höll begraben sey/ es were dann/ daß ihn Gott auff eine ver-
borgene Weiß/ nach seiner Göttlichen Barmhertzigkeit und nit nach seinem
Verdienst oder Werck/ und den grewlichen bösen Thaten/ von ihm began-
gen/ mit Gnaden angesehen und angenommen habe.

Von dem Wasser de la Plata/ das ist/
Silber Wasser.

Wasser de la
Plata.

VNmittels des eintausend fünffhundert zwey und zwantzigsten und
eintausend fünffhundert drey und zwantzigsten Jahr/ haben etliche
Hauptleute/ drey oder vier Reysen an das Wasser Plata gethan/
daran grosse Länder und Königreicher gelegen sind/ und wohnen verständige
Leut

leut darinnen. Man weiß wol in gemein/daß sie grossen Jamer und Blutvergiessen gestifftet haben. Weil aber solches Land den Indien/davon man
am meisten redet/etwas sehr weit entlegen ist/kan man alles/wie es sich ver-
loffen hat/nit wol wissen noch erzehlen. Aber daran ist noch kein Zweiffel/daß
sie wie in andern Ländern haußgehalten haben/ und noch alles übels stiff-
ten. Dann es sind gleich die Hispanier/ die sie zuvor gewesen sind/und sind
unter ihnen solche/ die zuvor bey solchen Thaten gewesen. Sie ziehen auch
nur an solche Ende/daß sie reich und zu grossen Herren/wie die andern/mö-
gen werden/ welches nicht geschehen mag noch kan/ohn Würgen/Morden/
Stehlen/Rauben und Undergang der armen Indianer/aller massen sie es
auch an andern Orten getrieben haben.

Spanier werden nie fromner.

Spanier Vorhaben nur reich zu werden.

Als ich diß geschrieben/ hab ich wol erfahren/ daß sie in dieser Resier/so
grosser Länder und Königreich/ grossen Jammer/ Blutvergiessen und Tyranney gehabt haben. Dieses aber in das Werck zu richten/ und ihnen dadurch einen Namen zu machen/haben sie mehr Gelegenheit/ als andere ge-
habt/weil ihnen Hispania so weit entlegen gewesen. Derhalben sie ohne einige Justitia und Ordnung gelebt/ wiewol in gantzen Indien nirgend keine
Ordnung noch Justitia gehalten wird/wie dann auß dem/was bißher erzehlet ist/wol erscheinet.

Keine Ordnung noch Justitia unter den Spaniern

Unter andern unzehlichen Thaten/ sind in dem Indianischen Rath oder
Regierung auch nachfolgende gelesen worden: Ein tyrannischer Gubernator hat etlichen der seinen befohlen/ sie solten in etliche Flecken der Indianer
ziehen/und so man ihnen nicht vollauf zu essen gebe/ solten sie alles todtschlagen Mit solchem Befehl zogen sie hin/ und weil sich die Indianer nit flugs
nach ihnen richten wolten/ dann sie wol wusten/ daß ihre Feinde waren/
mehr auß Forcht und Schrecken/daß sie in ihren Wohnungen solch dulden
musten/dann auß Kargheit/ haben sie mehr als 5000. Seelen umbgebracht.
Ein gute Anzahl Indianer gaben sich gutwillig under ihr Joch/ und botten
ihnen ihre Dienste an. Und weil die Hispanier gleich nach diesen außgeschi-
cket hätten/und sie nicht alsbald kommen waren/oder/wie ihr Gebrauch und
Gewonheit/ an solchen ihre abscheuliche grausame Forche und Schrecken
zu beweisen/ hat der Gubernator befohlen/man solte sie den andern India-
nern/ so deren Todsfeind waren/ übergeben. Darauf sie mit Heulen und
Weinen gebeten/ sie solten sie selbst umbbringen/ und wolten nicht auß dem
Hause/darein sie getrieben worden. Wurden also/in dem sie klagten und
schryen : Wir sind kommen euch zu dienen/und ihr bringet uns umb/ das

Tyrannischer Befehl des Spanischen Gubernatoris.

Mehr dann 5000 Indianer erwürgt.

Erschröckliche Tyranney gegen den demütbigen Indianern.

K Blut

Blut an den Wänden dieses Hauses/soll unser Unschuld un eners Gewalts
und Tyranney Zeugnüß seyn/alle auf Stücken gehauen. Warlich solt diese
That billich bedacht/und noch viel billicher beklagt werden.

Von den grossen Königreichen und weiten Ländern in Peru.

IM Jahr 1531.ist ein anderer grosser Tyrann mit etlichem Volck in
das Königreich Peru kommen/unter dem Schein/ Titel und Für-
satz/wie die andern/ und hat den Anfang/ wie die andern alle/ die für
ihm in diese Gegend kommen sind/gemacht. Dann er einer auß denen war/
so sich in aller Tyranney/Morden/Würgen und Rauben/von 1510. Jahr
auf dem Fußvesten Land begangen/wol geübt hat/ und nam täglich in solcher Boßheit zu. Ein Mensch darinnen weder Warh it noch Treu zu fin-
den/der nur Lust hat/Stät und Flecken zu verderben/und die Inwohner zu

erwürgen: Ist alles Ubels/so in diesem Land gefolgt/ ein Ursach gewesen.
Darumb bin ich gewiß/ daß kein Mensch ist/ der solches alles erzehlen/und
dem Leser für die Augen stellen möge/ wie es sich gebühret/ biß wir es einmal
am jüngsten Gericht klar sehen und erkennen werden. Mich anlangend/
wann ich etlicher Umbstände Gelegenheit und Abscheulichkeit solte erzehlen/
muß ia bekennen / daß es mir der Gebühr nach zu thun nicht müglich seyn
würde.

Dieser Tyrann verwüstete alsbald er in diß Land ankommen/etliche Fle-
cken/ bracht alles darinnen umb/ und raubete eine grosse Summa Golds.
In einer Insel/nahe an diesen Ländern gelegen/mit Namen Pugna/welche
sehr lustig und volckreich war/empfiengen ihn und sein Kriegsvolck der Herr
darinnen und die Inwohner/als wann Engel vom Himmel kommen wäre.

Sechs Monat hernach/wie die Hispanier allen Vorrath aufgezehret/of-
fenbarten sie ihnen ihr Getreid / so sie für sich und ihre Weiber und Kinder
unter der Erden vergraben hätten/ so dürre oder unfruchtbare Jahr einfie-
len. sich davon zu erhalten/und gaben ihnen auch solchen Vorrath nit ohne

Weynen / daß sie auch mit solchem nach ihrem Willen handeln möchten.
Der Danck und Lohn ware/daß sie ihrer viel durchs Schwerdt umbbrach-
ten/und die sie lebendig erdappen konten/ machten sie zu Sclaven/begiengen

auch andere grosse Tyranney / dadurch sie fast die gantze Insel verderbten.
Von dannen sind sie in das Land Tumbala/auf dem Fußvesten Land ge-
legen/gezogen. Da sie dann auch alles verwüstet/und so viel sie gekönt/umb-
bracht

gebracht haben. Und weil jederman durch ihre abscheuliche Thaten erschrecket/für ihnen flohe/gaben sie auß/sie empöreten sich wider den König in Hispanien.

Dieser Tyrann war so verschlagen und listig/ und hielte allezeit diese Weiß/daß alle die er fieng/ oder auch andere/ die ihm von Gold/Silber oder andern Thun/ Verehrung brachten/ solchen befahl er allzeit/ sie solten mehr bringen/ biß so lang er sahe/ daß sie nichts mehr zu bringen hatten/ oder mehr bringen konten/ alsdann sagt er zu ihnen : Nun nehme ich euch für deß Königs in Hispanien Lehenleut und Underthanen an/ und stellete sich gegen ihnen gantz freundlich/ und ließ mit zweyen Trommen außruffen/daß er ihnen forthin kein Leid mehr zufügen/ noch sie fangen wolt. Hielte also für billich und recht/ was er ihnen nahme/ und daß er sie zuvor erschreckt hätte/ ehe er sie under den Schutz deß Königs angenommen hatte/ er sie nicht mehr bedrangen/ berauben/ verhergen und verwüsten wolte/ und gleich als wann ers nit schon grob gnug gemacht hätte.

Wenig Tag hernach/ macht sich der König und Oberherr dieser Länder aller/ mit Namen Athaliba auf/ mit einer grossen Anzahl seiner nackenden Leute/ mit ihren lächerlichen Waffen/ auf das beste außgerüst/ wuste aber nicht wie scharpff der Hispanier Schwerdt schneiden thät/ noch wie schwer ihre Spieß nieder fielen/ auch nicht wie hurtig ihre Pferd liessen/ oder was für Leut die Hispanier waren/ welche/ wann sie wusten/ daß die Teuffel selbst Gold hätten/ sich solches ihnen zu einführen/ allen Fleiß furwenden thäten. Mit solcher Rüstung zog er fort/biß an das Ort/ da die Hispanier sich gelagert hatten/ und schry ihnen zu : Wo sind die Hispanier/ daß sie herkommen/ ich will von hinnen nicht weichen/ biß sie sich nur mit wegen meiner Underthanen/ die sie mir erschlagen haben/ und meiner Flecken/ die sie mir verwüstet/ und mein Reichthumb gestohlen/ vertragen haben. Die Hispanier ziehen gegen ihm auß/ und bringen ihm viel Volcks umb/ nehmen ihn auch selbst gefangen/ dann ihn die seinen auf einer Sänfften daher trugen. Sie begehrten flugs von ihm/ er solte sich wieder lösen/ darauff sagt er ihnen vier Million Gold zu/ gibt ihnen aber wol 15. (Benzo schreibet/daß er den Spaniern für seine Erledigung das Gemach/darinnen er gefangen gewesen/ voll Gold/ so hoch ein Mann reichen kan/ versprochen und und geliefert habe.) Wie sie solch Gold empfangen/ geben sie für/ sie wollen ihn loß lassen/ aber sie hielten ihm weder Treu noch Glauben/ wie sie dann niemals den Indianern in India/ was sie zugesagt/ gehalten haben/ und

klag-

klagten ihn fälſchlich an/daß ſich auf ſein Befehl viel Volcks ſamle. Der
König antwort darauf / daß ſich ohne ſein Bewuſt im gantzen Land kein
Blättlein am Baum rühren dörffe. Derhalben ſo es wahr ſey/das ſie ſag-
ten/möchten ſie es wol glauben / daß es nicht auß ſeinem Befehl geſchehen.
Ihn anlangend/wäre er in ihrer Gewalt und Gefangener/derwegen ſie ihn
wol tödten dörfften / ſo ſie Urſach hätten. Aber diß halff nichts / ſondern
wurd von ihnen lebendig verbrennt zu werden verurtheilt. Aber weil etliche
für ihn baten/wurd er erſtlich erſteckt/hernach verbrennt. Wie er das Urtheil hörete / ſagt er / warumb wolt ihr mich doch verbrennen? Was hab ich
euch gethan? Habt ihr mir nicht zugeſagt/wann ich euch Gold gebe/ wolt ihr

mich loß laffen? Hab ich euch nicht mehr geben/als ich zugefagt habe? Wañ ihrs dann ja alfo haben wolt / fo fchickt mich eurem König in Hifpanien. Solches und viel mehr fagt er den Hifpaniern zu groffem Schaden / aber es halff nichts/er muſt verbrennen.

Man betrachte nur/was für billiche Urfach die Hifpanier zu diefem Krieg gehabt haben/man bedencke die Gefängnüß diefes Herrn / Item/das Urtheil und feinen Todt/ auch das Gewiffen/ damit diefe Tyrannen fo groffe Schätze famlen und befitzen / und wie fie folches in diefen Königreichen/ diefem König und viel andern Herren und ihren Underthanen geraubet/ und an fich gebracht haben.

Anlangende die unzehliche graufame Thaten/damit fie fich in aller Boßheit und Tyranney felbft übertreffen/ in Außhilzung diefer Leut/ durch die begangen / fo fich Chriften nennen/ will ich nur etliche erzehlen/ welche ein Barfüffer Mönch im Anfang diefer Tyranney felbft gefehen/und folche under feinem Namen und Perfchafft für Warheit von fich gefchrieben / und folche in dem Königreich Caftilia hin und wieder gefchickt hat. Davon ich dann auch ein Copey habe / mit feiner eigenen Hand underfchrieben / und fchreibt alfo:

Ich Bruder Marcus von Nice/ Francifcaner oder Barfüffer Ordens/ Commiffarius über die Brüder diefes Ordens in den Ländern Peru / der ich einer von den erften Mönchen bin/ fo mit den Hifpaniern in diefe Länder kommen find/Ich/fage ich/kan warhafftig Zeugnuß geben/von etlichen Sachen / welche ich in diefem Land mit meinen Augen gefehen habe / fonderlich anlangend/ wie diefes Lands Inwohner gehalten und überwunden find worden. Erftlich hab ich gefehen/ und offtmals erfahren/daß die angeregte Indianer in Peru ein willfertig Volck ift/als eines feyn mag/freundlich uñ gegen den Hifpaniern holdfelig und dienftlich. Dann fie den Hifpaniern überflüffig Gold/Silber und Edelgeftein/und alles was fie nur gefordert und begehret haben/mitgetheilet/dazu ihnen aufdas fleiffigfte gedienet. Sie haben auch nichts feindlichs fürgenommen/ biß fo lang fie durch der Hifpanier Boßheit / und Bedrohung zu der Gegenwehr aufgebracht / und genöthiget worden find. Anfänglich haben fie die Hifpanier mit aller Ehrerzeigung und Freundfchafft in ihren Flecken angenommen/ihnen fo viel fie nur gewolt/zu effen geben / dazu Weibs- und Mannsvolck zu Sclaven/fo viel fie zu ihren Dienften gefordert und begehrt haben. Item/ ich kan bezeugen/daß die Indianer den Hifpaniern gar kein Urfach geben haben/ fondern

K iij   fo bald

König Atabaliba appellirt an den König in Spanien vergeblich.

Spanier haben keine Urfach wider die Indianer.

Ein Spanier übertrifft den andern in Tyranney.

Schreiben eines Barfüffer Mönchen võ der Spanier Tyranney in Indien.

Indianer fehr freundlich uñ gutthätig gegen den Spaniern.

Spanier verbrennen den König Atahaliba sampt vielen seinen fürnehmsten Befelchshaaberen.

so bald sie in ihr Land kommen/nach dem der grosse Cacique Ataliba den Hispaniern mehr als zwo Million Goldts gegeben/auch das gantze Land ohne Widerstand in ihren Gewalt überliefert/haben sie ihn/der doch über das gantze Land Herr war/verbrennt.

Also haben sie seinen fürnehmsten Hauptmann Cochilimata hingericht/welcher doch in Frieden neben andern Herren/zu den Hispanischen Gubernatorn kommen war. Deßgleichen haben sie etliche Tag hernach einen andern fürnehmen Landherren/mit Namen Chamba/auß dem Land Quito/ohne einige Mißhandlung/oder daß er ihnen die wenigste Ursach darzu gegeben hätte/verbrennt. Sie haben auch unbillicher Weiß/Schapera/Herrn der Canarien verbrennt. Auf diese Weise haben sie dem Alius/so der grösse Herr in Quito war/die Füß verbrennt/ und sonst grausame Marter angelegt/daß er deß Athaliba Gold und Schatz/davon er/wie hernach kuntbar worden/doch gar nichts gewust/offenbahren solte. Sie haben auch zu Quitto den Cosopanga/der über alle Länder Quito Gubernator war/verbrennt. Dieser war auf Anhalten Sebastians von Bernalcasar deß Gubernators Hauptmann/in Frieden zu ihnen kommen/und weil er nicht so viel Goldts/als sie von ihm begehrten/geben kunte/haben sie ihn mit vielen andern Caciquen oder fürnehmen Herren verbrennt. Und so viel ich mercken

Spanier vorhaben die Landherren in Indien außzurotten.
Spanier sperren die Leute in Häuser/und verbrennen sie darinnen.

und verehmen können/ist der Hispanier Anschlag gewesen/alle Herren im Land außzurotten/daß nicht einer überbleiben solte. Item/Ich kan beweisen/daß die Hispanier eine grosse Menge zusammen gefordert/und solche haben sie in drey Häuser eingesperrt/so viel sie deren darein haben stecken mögen/hernach das Feuer drein gestossen/und sie alle verbrennt. Dazu sie doch nicht die geringste Ursach gehabt/oder daß ihnen die Indiane mit dem wenigsten wären zu wider gewesen.

Unmenschliche That eines Spaniers.

Dazumal hat es sich zugetragen/daß ein Priester mit Namen Deanna/einen jungen Knaben auß dem Feuer herauß zoge/welches als es ein Hispanier gesehen/hat er ihm solchen auß den Händen gerissen/und wieder mitten in das Feuer geworffen/da er mit den andern zu äschen ist worden. Dieser

Spanischer Tyrann stirbt deß gähen Tods.
Spanier schneiden den Indianern Händ/Nasen und Ohren ab.

Hispanier/als er desselben Tags wieder in das Läger gehen wollen/ist er gleich todt auf dem Weg niedergefallen Und meine Meinung war/man solte ihn nicht begraben. Item/Ich kan bezeugen/daß ich mit meinen Augen gesehen hab/daß die Hispanier Händ/Nasen und Ohren/den Indianern/Männern und Weibern/ohne einige Ursach/abgeschnitten haben/nur daß ihnen auß schändlichem Lust eingefallen/und solches ist an vielen Orten

und

und Enden gesehen / daß es alles zu erzehlen zu lang seyn würde. Ich hab auch gesehen/daß die Hispanier die Hunde an die Indianer gehetzt haben/ solche zu zerreissen. Dergleichen hab ich gesehen/ daß sie so viel Häuser und Flecken verbrennt/daß ich solche nicht alle weiß zu erzehlen. So ist es auch wahr/daß sie die junge Kinder den Müttern von den Brüsten weggerissen haben / und solche so weit / als sie vermöcht/ weggeworffen. Dergleichen grausame abscheuliche Thaten haben sie viel getrieben/welche mir ein grosser abscheulicher Schrecken zu sehen gewesen sind / und würde es gar zu lang alles zu erzehlen.

Item/ ich hab gesehen/ daß sie an die Caciques oder fürnehmsten Indianer gesonnen haben/sie solten sicher Geleid haben. So bald sie aber sich überreden lassen/und zu ihnen kommen sind/haben sie solche verbrennt. Sie haben in meinem Beyseyn / zween / einen zu Andon/ den andern zu Tumbala verbrennt/ daß ich nicht fürkommen hab mögen/ wiewol ich ihnen hefftig geprediget habe. Und so viel ich habe erfahren können /und für Gott und bey meinem Gewissen bezeugen kan/ sind die Indianer in Peru/ keiner andern Ursach halben aufrührig und widersetzig worden/ dann daß sie so gar übel gehalten worden/wie dann solches jederman wol bewust ist.

Es haben ihnen die Hispanier niemal weder Trauen noch Glauben gehalten / sondern sie wider alle Recht und Billichkeit geplagt/ ihr Land verwüst/ und ihnen so übel mitgefahren/ daß sie ihnen fürgesetzt/ lieber noch einmal zu sterben/dann solchen Zwang von den Hispaniern länger zu leiden.

Item / Ich kan sagen/ welches ich selbst von den Indianern gehört/daß noch viel mehr Golds verborgen ligt/als in diesen Ländern jemals ist gesehen worden/ welches die Indianer wegen der Hispanier Tyranney und Unbillichkeit nicht haben offenbaren wollen/ werden es auch nimmermehr offenbahren/so lang sie übel gehalten werden /leiden viel ehe den Todt drüber/wie dann auch die andern gethan. In solchem wird unser Herr Gott hefftig beleidiget/ Ihrer Majestät übel gedienet / in dem sie betrogen wird/ und ihr ein solch Land verwüstet/welches gar leichtlich gantz Castilien erhalten und proviantiren hätt können/und solches Land wieder zu erobern würde viel Mühe/ Sorg/Arbeit und Unkosten darzu gehören.

Diß sind obgenantes Mönchs Wort/ welche durch deß Bischoffs zu Mexicon Zeugnuß bekräfftigt worden/ daß/ was Bruder Marcus gezeuget/durchauß wahr sey/und sich also verhalte.

Allhie ist zu bedencken / daß dieser Mönch sagt / daß er es gesehen hab/
dann

Spanier hetz die Indianer mit Hunden.
Spanier Mordbrenner.
Unmenschliche That der Spanier an säugenden Kindern.

Spanier handeln fälschlich und betrüglich mit den Indianern.

Spanische Tyranney/Ursach der Empörung in Peru.

Spanier halten wenig Trauen und Glauben.

Indianer verhalten deß Spanischen Tyrannen ihr Gold

Spanier beleidigen Gott und betriegen ihren König.

Spanier ver-
tilgen umb
deß Golds
willen Land
und Leut.

dann er ist wol 50. oder 100. Meil in das Land hinein kommen / und solches
in neun oder zehen Jahren / Nemlich im Anfang / da nicht wenig Hispanier
in diesem Land gewesen sind / aber als sie das Gold hören klingen / sind sie
hauffenweiß über die 4. oder 5000. zugelauffen / und haben sich in viel grosser
Königreicher und Länder außgetheilt / auf die 5. oder 600. Meil / welche
Länder alle verwüstet / und darinnen übel und noch ärger und greulicher / als
die ersten darinnen haußgehalten haben.

Bey den
Spaniern
weder Gottes-
forcht noch
Barmhertzig-
keit.

Es sind von derselbigen Zeit an / biß auf diese Zeit / in der Warheit zu sagen / tausendmal mehr Seelen / als gerechnet sind worden / verdorben und
umbkommen Und solches ist von ihnen mit geringer Forcht Gottes und deß
Königs / und mit weniger Barmhertzigkeit geschehen / als von den ersten / daß
also durch sie ein grosses Theil menschliches Geschlechts ist außgerottet worden. Sie haben biß auf die Zeit in diesen Königreichen umbgebracht / und
und bringen noch täglich umb / mehr als 4. Million Seelen.

Spanier er-
schiessen eine
Königin mit
schwangerm
Leibe.

Für wenig Tagen haben sie mit Spießlein auß Rohr gemacht / eine fürnehme Königin erschossen und ermordt / welches deß Königs Elingue Gemahl war / und der noch in diesen Ländern ist. Diesen haben die Hispanier /
in dem sie die Hände an ihn gelegt / zur Aufruhr und Empörung verursacht /

Spanier ver-
ursachen den
König in Pe-
ru zur Auf-
ruhr.

und bleibt er noch aufrührisch. Sie fiengen die Königin / sein Gemahl / und
brachten sie wider alles Recht und alle Billichkeit umb das Leben / da sie
doch schwangers Leibs war / und nur darumb / wie sie sagten / daß sie ihrem
Herrn zu wider und Verdruß etwas thun möchten.

Spanisch
Morden und
Tyranney in
Peru gar ü-
bermässig.

So man alles Morden und Tyranney der Hispanier / so sie begangen
haben / und noch täglich in Peru begehen / erzehlen wolte / würde solches so abscheulich und in so grosser Zahl seyn / daß alles was in andern India geschehen / gesagt ist worden / für diesem gar nichts und gering scheinen wurde.

Von dem neuen Königreech Granata.

UMb das Jahr 1539 sind viel Tyrannen / so alle ein Fürsatz gehabt /
zugleich in Peru ankommen / auß Vecuela / S. Martha und Carthagena außgezogen. Es haben auch andere / so schon in Peru gewesen / unterfangen / durch das gantze Land Peru einen richtigen

Neu Granata
reich an Gold
und Edelge-
stein.

Weg zu finden / und befunden über S. Martha und Carthagena hinauß
300. Meil / so sehr fruchtbare und wunderliche Länder begriffen / voller Leut /
so gar gütig / wie die andern / aber sehr reich waren von Gold und Edelgesteinen / sonderlich von Smaragden. Solche nenneten sie das neue Königreich

Grana-

Granata/darumb/weil der Tyrann/ so erstlich in diese Länder kommen/auß
dem Königreich Granata hieraussen gelegen/ bürtig war. Und weil die
meist/ unter ihnen unbilliche wüste Leut waren/ die da nur gewohnt hätten
zu rauben / und Menschenblut zu vergiessen/ derwegen ihnen die grossen
Sünden gemein und läuffig/ derer sie auch in andern Orten Indiæ gewohnet waren/ ist sichs gar nicht zu verwundern/ daß ihre teufflische Werck so
abscheulich und in so grosser Menge sind / welcher Umbstände dermassen
greulich und erschröcklich sind/ daß sie viel andere/ so sie anderswo begangen
und geübt/ weit übertreffen.

(Marginalnote: Spanier sich tyrannisirens und Blutvergiessens rot gewohnet.)

Ich will nur diß auß unzehlichen Unthaten/ die sie diese drey Jahr über
begangen/und noch täglich begehen/erzehlen/welches ein Gubernator/ dann
der/ so in diesem neuen Granata raubet / mordet und tyrannisirt/ zu einem
Gesellen nicht zulassen hat wollen/ selbst solchen zu schanden zu machen/ mit
vielen Zeugen überwiesen hat/ nemlich/ was für Ubels und Morden derselbe
getrieben habe/ und noch treibe.

(Marginalnote: Ein Spanischer Tyrann kan den auß nicht dulden.)

Und ist solche Klage und Beweiß in dem Indianischen Rath gelesen wor-
den/ allda sie noch registrirt und verwahret ligen.

Die Zeugen sagen in solcher Klag auß / wie daß diß Königreich in
gutem Fried und Ruhe gewesen / die Indianer nach ihrem Vermögen den
Hispaniern gedient / ihnen durch ihr e saure Arbeit zu essen verschafft / ohne Underlaß und stets gearbeit / und das Feld beschickt / ihnen viel Golds
und Edelgesteine/ und sonderlich Smaragden zugetragen/ und alles das ge-
than/ was sie nur vermöcht haben/ da die Stätte und Herrschafften/ sampt
dem Volck unter den Hispaniern außgetheilt waren. Welches dann der
rechte Weg ist dahin/ was sie sich befleissigen / und nach dem sie trachten zu
kommen/ nemlich/ Gold zu erlangen.

(Marginalnote: Zeugen Sage wider den Spanischen Tyrannen in neu Granata. 1 Indianer gegen den Spaniern diensthafftig. 2 Spanier trachten nur nach Gold.)

Wie also alles unter deß Tyrannen / so der fürnehmste Hauptmann/
Gewalt und Dienstbarkeit gebracht worden / welcher dann in diesem Land
zu gebieten sich underfangen hatte / hat er den König oder Herrn dieses
gantzen Lands / ohne einige Ursach oder Schuld gefangen / solchen sechs
oder sieben Monat gefänglich gehalten / nur viel Golds und Smagraden
von ihm herauß zu bringen.

(Marginalnote: 2 Spanier fangen den König in neu Granata.)

Dieser König / dessen Namen war Bogata / durch Schrecken und
Forcht / dadurch sie ihm bang machten / sagt ihnen zu/ er wolt ihnen ein
Hauß

(Marginalnote: König in Granata verspricht den Spaniern ein Hauß mit Gold.)

Hauß voll Gold geben/ hoffte dadurch auß den Händen deß/ der ihn peini-
get/ zu kommen.　Er schicket auch alsobald seine Indianer auß / sie solten
Gold holen/ wo sie konten.　Solche bringen etliche mal deſſen groſſe An-
zahl/ deßgleichen auch Edelgestein / aber weil dieser König nicht das Hauß
voll Golds füllete / sagten die Hispanier/ man solt ihn tödten/ dann er hielt
nicht/ was er ihnen zusagt und versprochen hätte.

　　　Der Tyrann befihlet / daß man ihn für Gericht bringe / Sie klagen also diesen groſſen König dieser Länder an / und wollen/ er solle seine
Zusag erfüllen.

Darauff fällt der Tyrann das Urtheil / und verdampt ihn / daß er soll
gepeinigt / und so lang gemartert werden / biß er das Hauß voll Gold
fülle. Sie ziehen ihn an / und geben ihm ein Strapada / werffen ihm
brennend Unschlitt auff den Leib / legen ihm Eisen an die Füß / so an ein
Stock angeschmiedet / und schliessen den Hals in Eisen / so an einem andern Pfal angeschmiedet war / und zween starcke Schelmen musten ihm
die Hände halten / und also schüreten sie ihm das Feuer an die Füß. Der
Tyrann gieng immer ab und zu / und bedrohete den armen Herrn / daß er
ihn also in der Marter tödten wolt / so er nicht Gold herauß gebe / und das geschahe auch also / dann er also in dieser Marter sterben muste.

Greuliche
Marter deß
Königs in new
Granata.

Spanier mar-
tern der König
in new Gra-
nata zu todt.

Weil solche Marter währete / gab GOTT durch ein sichtig Zeichen zu
verstehen / wie ein grossen Ungefallen er an solcher Tyranney hätte / dann die
gantze Statt / darinnen solches geschahe / durch ein Feuer unversehens ver-
brennete.

Exempel
Göttlicher
Raach wider
die Spanische
Tyrannen.

Die andern Hispanier / in dem ihrem Hauptmann folgende / und
weil sie sonsten nichts gelernet hatten / dann die armen Leut umbbringen /
vollbrachten gleiche Tyranney / und marterten auf mancherley Weiß die
Caciques oder Herren / sampt den Underthanen / so ihnen in ihrem Befehl
gegeben waren / so ihnen doch solche Herren sampt den ihrigen / so viel müglich / dieneten / auch Gold und Smaragden brachten / so viel sie kunten. Sie
marteren sie aber nur darumb / daß sie ihnen mehr Gold und Edelgestein
geben solten. Und auff solche Weiß verbrenneten sie / und rotteten alle Herren auß.

3.
Spanier mar-
tern die In-
dianer umb
Gold und
Edelgesteine.

Auß grosser Forcht für solcher Marter / die einer auß diesen Tyrannen
den Indianern anlegte / machte sich ein grosser Herr / mit Namen Daytana mit vielem Volck auff / und zog in das Gebirg / solcher Tyranney zu ent-
stiehen. Dann die arme Leut wissen sonst keine Rettung / wann sie solches
nur helffen wolte.

4.
Daytana
fleucht für den
Spaniern ins
Gebirge.

Die Hispanier heissen solches sich empören und auffrührisch werden. Welches / als es der Hauptmann / oder der fürnehmste Tyrann
erfahren / hat er diesem Wüterich mehr Volck geschickt / von dessen wegen / umb einer Tyranney / die arme Indianer / so sich in das Gebirg ge-
steckt hätten / zu suchen. Und weil sich solche nicht alle in die Hölen hätten
verstecken mögen / traff er ihrer viel an / und brachte mehr als fünffhundert

Indianer am
Gebirg käm-
merisch umb-
gebracht.

E ij   Seelen

Seelen/unnd/von Männern/Weibern und Kindern/ dann sie niemand zu
Gnaden annahmen.

Es sagen die Zeugen/ daß dieser Herr Daytama/ ehe ihn die Hispanier
getödet / selbst zu dem Wüterich kommen sey/ und hab ihm 4. oder 5000.
Castilianer werth Golds gebracht/ aber er hat damit sein Leben nicht kauffen/
noch die seinen erretten mögen.

Auff eine Zeit/als viel Indianer den Hispaniern zu dienen sich anerbot-
ten hatten / ihnen auch in aller Einfalt und Demuth dieneten/ wie sie dann
pflegeten / und hofften dadurch sicher zu seyn / kombt in der Nacht der
Hauptmann in die Statt / da solche dieneten / und befihlt / man solt solche
Indianer alle nach dem Abendessen/ und wann solche von ihrer Arbeit schlaf-
fen/ ermorden und umbbringen / und solches nur darumb/ daß ihn dauchte/
es wäre so recht und gut / auff daß dadurch den andern allen im Land eine
Förcht und Schrecken eingejagt würde.

Auff ein andere Zeit befahl der Hauptmann/ daß man einen jeden Hispanier bey seinem Eyd fragen solt / wie viel er Caciques oder Herren/ und
hernach von den gemeinen Indianern hätt / und daß man sie alle herauff
auff den Platz führete/ da befahl er / man solte ihnen allen die Köpff abschla-
gen/ und wurden also 4. oder 500. Seelen umbgebracht.

Insonderheit sagen die Zeugen von einem Tyrannen/ welcher groß übel
gestifftet / sonderlich hat er die Hände und Nasen vielen Männern und
Weibern abgeschnidten/ und sehr viel Volcks verderbt.

Auf ein ander Zeit/ schicket der Oberste Hauptmann den obgemeldten
Wüterich mit etlichen andern Hispaniern in deß Bogata Land/ zu erfahren
was sie für einen Herrn aufgeworffen hätten/ nachdem er ihren Herrn durch
sonderliche Marter getödet hat. Solcher zoge ins Land manche Meil/
und fienge so viel Indianer als er konte. Weil ihm aber keiner sagen wol-
te/ wer Herr im Land wäre/ hat er vielen die Händ abgeschnidten/ die andern
Mann und Weib den beissigen Hunden fürgeworffen/ die sie zurissen/ und
auff diese Weis hat er viel Indianer von Weib- und Mannsvolck/ außgerottet.

Marginal notes (left):

Daytama ge-
tödet.

5.
Indianer
fremd und
diensthafftig.

Indianer im
Schlaff er-
bärmlich er-
mordet.

500. gefangne
Indianer
umbgebracht.

6.
Spanischer
Tyrann
schneid et den
Indianern
Hände und
Nasen ab.

7.
Spanischer
Wüterich
wirfft die In-
dianer den
Hunden für.

16

95

Auff einen Tag in der vierten Wacht in der Nacht / nahm er ihnẽ
für / die Caciques oder fürnehmsten Herren / und viel Indianer bey ihnen
zu überfallen / dieselben besorgten sich solches gar nicht / Dann er ihnen
auff seinen Namen sicher Geleid zugesagt hatte/ es solte ihnen kein Leid noch
einiger Schaden widerfahren.

Auff solche Zusag und Geleid thäten sie sich auß dem Gebirg / darinnen   **8:**
sie verborgen waren / herfür / das Feld zu bauen / da sie dann ihre Statt   Spanischer
hatten: Wie nun also ohne allen Verdacht/ sich auff sein Gleid verliessen/   Tyrann wider-
fieng er deren ein grosse Anzahl/ Männer und Weiber/ und befahl/ sie solten   zugesagt Geleid hawet den
Leuten die
          L iij   alle die Hände ab.

alle die Hände gegen der Erden halten / und hieb er selbst mit einem Säbel ihnen die Hände ab/und sagte: Er straffte sie darumb / daß sie ihm nicht vermeldten wolten/wo oder wer ihr neuer Herr wäre / so den andern in der Regierung gefolget.

Ursach Spanischer Tyranney.

9. Spanier hauet den Indianern Hände und Nasen ab/und werffens für die Hunde.

Auff ein andere Zeit / von deßwegen / daß sie ihm nicht Truhen voll Golds / wie dieser grausame Tyrann begehret hatte / gaben / schicket er sein Volck auß / sie zu bekriegen / in welchem Krieg sie sehr viel umbgebracht haben / hieben ihnen die Hände ab / und schnidten ihnen die Nasen ab / Männern und Weibern / in so grosser Zahl / daß nicht zu sagen ist / die andern wurffen sie den Hunden für / solche zu zerreissen und zu fressen.

10. 5000. Indianer wider zu gesagt Gleid jämmerlich erschlagen.

Auf ein andere Zeit / als die Indianer in einem Land dieses Königreichs sahen / wie ihnen die Hispanier drey oder vier fürnehme Herren verbrandt hatten/flohen sie auf einen hohen Berg/ sich wider solche Feind/ bey denen kein Mitleiden zu finden war/ zu wehren und zu vertheidigen/ und derer Indianer waren vier oder fünfftausend gewesen. Der vorgemeldte Hauptmann schickte den grossen und überall wolbekanten Wüterich auß/ welcher die andern / so gleichen Befehl zu rauben und zu verderben hatten/ weit übertroffen. Diesem gab er ein gewisse Anzahl Hispanier zu / daß sie die Indianer / so sich empöret hatten / straffen und züchtigen solten / nur deßhalben / weil sie der Hispanier Wüten und Toben entgangen waren. Gleich als wann sie daran eine grosse Ubelthat gethan hätten/ und als wann sie die Leut wären / die solches zu straffen / so sie doch selbst aller Marter und

Spanier selbst aller Straff/ und keiner Barmhertzigkeit würdig.

Straff würdig / und mit denen man kein Mitleiden haben / oder Barmhertzigkeit widerfahren lassen solte/weil sie mit diesen unschuldigen Leuten / so unbillich und jämmerlich umbgehen. Die Hispanier kommen mit Gewalt auf diesen Berg/dann die Indianer gar nackend und wehrloß waren. Sie schryen den Indianern sicher Geleid zu / sie begehrten ihnen nichts zu thun/ allein sie solten sich auch nicht zur wehr stellen. Wie solches nun die Indianer glauben / befihlt dieser Wüterich seinen Hispaniern/sie solen flugs den Vortheil auf dem Berg einnehmen/ und alsdann getrost in die Indianer setzen.

Spanisch Beutbad.

11. Indianer über die Berg abgestürtzt.

Welches sie auch geschwind außgericht / und haben diese Tieгerthier und grimmige Löwen diese arme Schäflein angefallen/und ein solches Mezeln gehalten/daß sie nimmer gekönt/und für Mattigkeit haben ruhen müssen.

Wie

Wie sie sich nun ein wenig gekühlt / hat ihnen der Hauptmann befohlen/ sie solten folgend alle die noch im Leben / erwürgen und den Berg herab stürtzen. Welches sie dann willig vollbracht haben. Und sagen die Zeugen/ daß sie wie ein Wolcken oder Nebel gesehen haben die Indianer herab fallen / offt sieben hundert miteinander / welche alle auf Drümmer und Stücken zerschmettert sind. Und damit dieser Tyrann seinem grossen Würten noch ferner ein Genügen thun möchte/hat er befohlen / daß man alle Indianer/die sich in Büchern und Gehöltz versteckt hatten/erstechen solt / und über den Felsen abstürtzen.

Daran er noch nicht ersättigt / wolte ihm noch ein grössern Namen machen / und dadurch seine greuliche Sünde häuffen / derhalben befahl er/ daß man alle Indianer/von Manns- und Weibsbildern/so etwan einer gefangen und für sich zu behalten gedächte (dann in solchem Morden pflegen die Hispanier offt die jüngsten und stärcksten Männer und Weiber/auch junge Knaben für sich zu behalten) in ein Hauß von Schilff erbauet / sperrete/ allein solt man die außlesen/so er zu seinem Dienst gebrauchen könte/ und das Hauß solt man mit dem Feuer anstecken / und also wurden ihrer bey 40. oder 50. lebendig verbrennt. Die andern ließ er den Hunden fürwerffen/ die zerrissen und auffrassen:

Auf ein andere Zeit zog gleich dieser Tyrann in eine Statt/ mit Namen Cota/ allda er eine grosse Anzahl Indianer gefangen/ und ihrer fürnehmster Herren fünffzehn oder zwantzig seine Hund hat zureissen lassen

Den andern / welcher sehr viel wären / von Männern und Weibern/ hat er die Hände lassen abhauen und solche an eine lange Stangen hengen/ auf daß die andern Indianer sehen solten / wie er mit diesen wäre umbgangen. Und hiengen also an der Stangen 70 par Hände. Vielen Weibern und Kindern ließ er auch die Nasen abschneiden.

Es ist nicht möglich / daß ein Mensch alle Schelmenstück und Boßheit / von diesem Gottesfeind begangen / erzehlen möge / dann solche sind unzehlich/und dergleichen man nie gehört noch gesehen.

Aber doch sind solche von diesen in den Ländern Guatimala/ und wo er nur gewesen / begangen worden / dann er hat diß Handwerck brennen und die Länder verwüsten / und die Leut zwingen / viel Jahr getrieben.

Es sa

12
Indianer werden in einem Hauß verbrennt.

13.
Indianer den Hunden fürgeworffen.

14.
Indianische Herren von Hunden zerrissen.

15.
Indianern werden die Händ abgehauen.

16.
Indianern die Nasen abgeschnitten.

18.
Spanische Mord und Schelmenstück unzehlich.

18.
Spanischen
Wütens und
Würgens
ein Ende.

Es sagen auch diese Zeugen zum Uberfluß/ daß solches Wüten und Würgen nicht auffhöre/ sondern in dem newen Königreich Granata/ noch täglich gleich von denen Hauptleuten begangen werden/ die andern solche Tyranney übergeben/dadurch das gantze Land wüst und öde gemachet wird.

19:
Ursach Spa-
scher Wüterey
in Indien.

Und ist solches wüsten und verderben so groß/daß so ihre Majestät nicht in der Zeit drein sehen würde/ dann solches Würgen und Umbbringen nur allein darumb geschicht/von den armen Indianern Gold zu wegen zu bringen/dessen sie doch wenig mehr haben/ weil alles / was sie gehabt/ihnen genommen worden/ werden sie in kurtzer Zeit mit den Indianern das Ende

Spanier erö-
sen gantz Ju-
dien.

machen/daß man letzlich auch keinen Indianer mehr/ die Länder zu bewohnen/würde finden können / welche also wüst und verbrennt werden müssen ligen bleiben.

Spanier
schädlicher
dann die Pe-
stilentz.

Hie ist zu bedencken/ wie dieser verfluchten Tyrannen Wesen/Leben und Thun teuffelisch muß gewesen seyn/deßgleichen kein Pestilentz nimmermehr seyn kan. Dann sie in zweyen oder dreyen Jahren/ nach dem diß Königreich kundbar und bekant worden/welches/wie alle sagen/die darin gewesen/ und als die Zeugen solches betheuren/ Volckreicher/ als wann ein Land in der Welt gewesen seye/solches alles verwüst und eröst haben/ darinnen alle Gottesforcht und Mitleiden auch ihre Pflicht gegen ihrem König hinau gesetzt und vergessen.

Und hält man es gewiß dafür/so seine Majestät solchem teuffelischen tyrannischen Wesen nicht steuren und wehren werden/möge die Länge kein lebendig Mensch darinnen von den eingebohrnen Indianern zu finden seyn/ welches ich dann gar wol glaube. Dann ich mit meinen Augen gesehen/daß sie in dieser Gegend sehr grosse Länder in wenig Tagen verwüst/und die Leut darinnen erwürgt haben.

20.
Spanier er-
würgen die
Leute und ver-
wüsten gute
Länder.

Es sind andere grosse Länder/welche mit diesem newen Königreich Granata grentzen/ und heissen Popayan/ Cali/ und drey oder vier andere/ so in die fünffhundert Meil Landes begriffen und inne haben. Solche haben sie / wie die andern / gleicher Weiß verherget/ verderbt/ und rauben/ was sie können / und bringen die Leut durch greuliche unerhörte Marter umb

Indien gar
verwüstet und
verbrennet.

ihr Leben/welcher dann sehr viel sind gewesen/ daß sie ein gut fruchtbar Land innen gehabt. Welche jetzt auß diesen Ländern kommen / sagen/ daß es jämmerlich und erbärmlich zu sehen sey/ daß so grosse Stätt verwüstet und verbrennt haben seyn sollen. Wie sie dann in dem Widerzug befunden/ daß darin

daß darinnen zuvor ein tausend oder mehr Feuerstätte gewesen/ jetzt nicht 50.
zufinden sind. Etliche aber ligen gar umbgekehrt und verbrennt / ja in etlichen Gegenden weren sie wol zwey oder dreyhundert Meyl gezogen/alles verbrennt und ungewohnet / auch darinnen grosse Stätt umbgekehrt gefunden.

Und letzlich / weil von den Königreichen Peru an / auff der Seite deß *Spanische
Lands Quitto / viel greulicher und mercklicher Tyrannen / biß in die neuen *Tyrannen rot-
Königreich Granata / wie auch auff der Seite Chartagena und Uraba ge- *ten sich zuhauf
zogen seynd / so sind auch andere verfluchte Tyrannen von Chartagena auß- *zuverritgen.
gezogen/ zu Quitto zuuberfallen/ und noch andere auff der Seite deß grossen Wassers S. Johannis/ welches die Seite gegen Mittag ist. Solche haben sich hernach alle zu Hauff geschlahen/ und haben mehr als sechshundert
Meyl Landes / mit unzehlicher Seelen Schaden verwüstet und verherget /
und hören noch auff diese Zeit nicht auff/ diese arme unschuldige Leut zupla-
gen/ und folgent gar auffzuräumen.

Und bleibt also die Regel / so ich im Anfang gesetzt/ warhafftig / nemb- *Regel von
lich/ daß die Tyranney/ Gewalt und Boßheit der Hispanier / so immer in *Spaniern
ihrer Boßheit/ unmenschlichen Leben und Wütten gegen diesen armen *bleibt war.
Schäflein zugenommen/ gewachsen und grösser worden sey.

Was sie noch jetzt in diesen Ländern für ein wüst Leben führen/ welches *22.
Lohn were/ daß es mit Feuer und aller Marter gestrafft würde/ kan man auß *Andere Exem-
dem / so hernach folget / erkennen und abnehmen. Nach verrichtem Blut- *pel Spanischer
bad/ stossen sie die ubergebliebenen in die erschröckliche Dienstbarkeit/ befeh- *Tyranney.
len und untergeben solche den lebendigen Teuffeln/ den Hispaniern / einem
zwey/ dem andern dreyhundert Indianer. Der Teuffel/ der Commandator
gebeut / daß man für ihn hundert Indianer bringen solte. Solche kommen
flugs/ wie die gedultigen Schlachtschäflein: Alsbald lässet er auß ihnen 30.
oder 40. die Köpff abreissen/ und sagt zu den andern/ Gleich also will ich mit
euch auch umbgehen/ so ihr mir nicht wolt dienen / oder ohn mein Erlaub-
nus von mir gehen werdet.

Umb Gottes Ehre willen/ wolle doch der / so diß liset / betrachten/ ob
ein solch wüst/ abscheulich Thun/ nicht alle Boßheit und Tyranney ubertref- *Spanier ärger
fe/ und ob auch jemand ihm etwas ärgers könte einbilden/oder ob man auch *dan Teuffel.
unrecht dran thue/ wann man solche Hispanier Teuffel nent? Ob welches
besser sey/ die Indianer den Teuffeln in die Höll ubergeben/ oder den Hispa-
niern/ welche in India so wüst hauß halten:

M   Jtz

Spanier hetz¬
und zurreiſſen
die Indianer
mit Hunden.

Ich muß noch eine Teufliſche That erzehlen / welche ich nicht weiß/ob
es auch die wilden Thier wüſter und ärger machen köndten. Und iſt ſolches
diß: Die Hiſpanier ſo in India ſind / halten beiſſige Hund / darzu abgericht
und gewehnet / daß ſie / wann man ſie nur anhetzt / alsbald ein Indianer ni¬
derreiſſen und umbbringen.

Es wollen alle die / ſo rechte Chriſten ſind / betrachten / ob dergleichen
auch jemals in der Welt zuvor ſey gehört und erfahren worden.

Spanier ſte¬
chen die India¬
ner wie Säw
und verkauf¬
fen einander
Menſchen¬
fleiſch.

Solche Hunde zuſpeiſen / führen ſie uberall / dahin ſie reiſen / einen
Hauffen Indianer in Ketten eingeſchmidet mit ſich / und ſtehen ſolche / wie
die Säu nider / und verkauffen einander das Menſchenfleiſch / ſprechen zu¬
ſammen: Lieber leyhe mir ein Viertel von einem Bellaco / das iſt / Schel¬
men / daß ich meinen Hunden mag zufreſſen geben / biß daß ich auch einen
ſchlachte. Gleich als wann ſie ein Viertel von einem Schöps oder Schwein
einander liehen.

Es ſeynd ihrer etliche / die früh mit ihren Hunden hinauß auff die
Jagt ziehen. Wann nur ſolche zur Malzeit wider heimb kommen/ und man
ſie fragt / wie hat es auff der Jagd gangen? Antworten ſie: Wol gnug / dan
meine Hund haben fünffzehen oder zwantzig Bellacos (alſo nennen ſie die
armen Indianer) umbgebracht und zurriſſen. Solcher Teufliſcher Tha¬
ten und anderer mehr ſind ſie uberwieſen in dem Proceß / ſo diſe Tyrannen
einer wider den andern geführet haben. Kan man aber auch etwas abſcheu¬
lichers und unmenſchlichers ſagen oder ſchreiben?

Spaniſche
Tyranney und
Unthaten un¬
ſeglich und
unmöglich.

Davon auff diſmal gnug / biß wir andere Zeitung bekommen / die ob¬
gemelte in Boßheit ubertreffen / ſo anders abſcheulichers ſeyn mögen / oder
biß wir wider zu ihnen kommen / wie wir dann zwey und viertzig Jahr bey
ihnen geweſen / und das meiſte / ſo wir gemeldet / mit unſern Augen geſehen
haben. Kan auch mit gutem Gewiſſen gegen Gott bezeugen / daß ich es nit
allein glaube / ſondern gewiß weiß / daß der Schad und Verluſt ſo groß ſey/
die Verwüſtungen und Verſtöhrungen der Stätt / ſampt dem Blutver¬
gieſſen und Würgen der Leut/ ſo greulich ſambt dem Wüſten tyranniſchen
Leben / Stehlen/ Rauben/ Unzucht / ſo erſchröcklich / welche doch alle zumahl
von den Hiſpaniern in dieſen Ländern begangen worden / ja auch heutiges
Tags von ihnen im vollen Schwang getrieben werden / daß auch allen denē
ſo gemeldt worden ſind/ und wie ich es auff das gerreulichſte hab erzehlen mö¬
gen / dannoch nicht von tauſenden eine / ſo von ihnen begangen worden/ und

noch

noch begangen wird/ es sey gleich daß man es der Gelegenheit oder der Grösse nach rechnen wolte/ von mir gemelt und beschrieben worden sey.

Und damit die Christen noch grösser Mitleyden mit disen armen unschuldigen Leuthen haben mögen und ihren Untergang und Verderben beklagen/ auch der Hispanier Geitz/ Ubermuth und Wüterey desto mehr verfluchen/ mögen sie das in der Warheit glauben/ wie dann alles / was von mir gemelt sich nicht anders hellt: Daß von Anfang/ da India ist gefunden und bekaut gemacht worden/ biß auff diese Zeit/ die Indianer den Hispaniern niemals an keinem Orth uberlast gethan oder zugefügt haben/biß so lang sie von den Hispaniern erstlich sind beleidigt/ beraubt/ vermitreut und verrathen worden. Ja sie hielten die Hispanier erstlich für unsterblich/ und meyneten nicht anders/ sie kämen vom Himmel herab. Für solche hielten sie die Hispanier biß sie sich zuerkennen gaben/ wer sie weren / und warumb sie zu ihnen kommen / und ihr Fürsatz were.

Indianer haben die Spanier nie beleydiget.

Indianer haben anfänglich die Spanier für Götter.

Ich muß auch noch diß melden / daß die Hispanier von Anfang biß hieher/ sich gar nichts angenommen/ noch bekümmert haben/ daß diesen armen Leuthen der Glaub an Jesum Christum fürgehalten und gepredigt würde/ gleich als wann es nur Hund und unvernünfftige Thier weren. Ja das noch mehr ist/ haben sie solches den Geistlichen außtrucklich verbotten/ und derwegen dieselben viel Trübsal und Elend außstehen müssen/ daß sie ihnen nicht predigen dörffen: Dann sie sagten/ solches verhindert sie Gold und andere Reichtumb und Schätz/ dazu sie ihr Geitz triebe/ zusamblen und zubekommen. Und weiß man auff den heutigen Tag gleich so viel von Gottes Erkantnus in India / ob er ein eysener/ höltzener oder jrrdiner Gott sey/ a's vor hundert Jahren darinn gewesen ist / außgenommen in der newen Hispania/ darein die Geistlichen kommen sind/ welches doch ein kleiner Winckel in India ist. Und sind also unzehliche Menschen umbkommen/und sterben noch dahin/ ohne Glauben/ ohne Sacrament.

Spaniern bekümmern sich umb die Indianer Seeligkeit nicht.

Spanier verbietten den Indianern den Christlichen Glauben zu predigen/ Kan Erkantnuß Gottes in India.

Ich Bruder Bartholomæus de las Casas oder Casaus / Prediger Ordens/ der ich durch die Barmhertzigkeit Gottes an diesem Hispanischen Hof kommen bin/ dahin arbeitend/ daß die Höll auß India weggenommen/ und unzehliche Seelen durch CHRISTI Blut erlöset möchten werden/ und nicht hülffloß ewig verlohren würden / sondern daß sie zu Erkantnus ihres Schöpffers kommen unnd seelig werden möchten. Auch wegen meines Vatterlands / so Castilia ist / deß mich erbarmet / daß

daß Gott solches nicht umbzehre/ wegen der grossen Sünden/ so viel auß ihnen wider seine Göttliche Ehr/ Glauben und Lieb gegen dem Nechsten begehen/ auch weil etliche Mannhaffte Personen an diesem Hoff umb Gottes Ehr/ die der andern jammert/ eyfern/ wiewol ich mir es lang fürgesetzt habe/ aber meiner vielfältigen Geschäffte halben/ nicht vollbringen mögen.

Hab diß Büchlein vollendet zu Valence/ den achten Decemb im Jahr 1542. als der Hispanier Tyranney/ Verwüsten/ Jammer und alles Unglück durch sie in India/ wo sie nur hinkommen sind/ auffs höchst kommen war.

Wiewol sie an einem Ort grausamer/ abscheulicher und Tyrannischer/ als am andern umbgangen sind: Dann die zu Mexico und daselbst herumb/ werden nicht so ubel als die andern gehalten/ weil man daselbst nicht Gewalt uben darff/ deßwegen daß daselbst/ und sonsten auch an keinem Orth/ ein wenig eine Justitia/ so gering sie auch ist/ gehalten wird. Wiewol man die armen Leut daselbst gleich so wol/ als an andern Enden/ durch die Teuffti-

schen Schatzungen außsauget und umbbringt Ich habe gute Hoffnung/ unser allergnädigster Keyser und König in Hispania Carolus der Fünffte dieses Nahmens/ welcher die Boßheit und Verrätherey/ so da begangen sind worden/ und noch täglich gegen diesen armen Leuten wider den Willen Gottes/ und auch ihrer Mayestät wissen/ (dann man bißhero allweg listig ihrer Mayestät die Warheit/ verhalten hat) im Schwang gehen/ anfänger innen zuvor ein/ solch Ubel wol werde wissen außzurotten/ und dieser neuen Welt zu hülff kommen/ als der da Gericht und Gerechtigkeit lieb hat/ und auch darüber helt. Und wolle der allmächtige Gott seine Mayestät in glückseeligem Leben lange Zeit/ zu Nutz der allgemeinen Christlichen Kirchen und seine Mayestät Seelen Seeligkeit/ erhalten/ Amen.

Nach dem ich diß Schreiben so weit verfertiget gehabt/ sind von Ihrer Mayestät Satzung und Ordnung zu Barzelona/ deß Jahr ein tausent fünffhundert zwey und viertzig/ im Monat Nov. gegeben/ und in der Statt Madrill/ das Jahr hernach publiciert worden/ welche dahin gerichtet seynd/ daß doch einmal der Boßheit und Sünden/ so wider Gott und den nechsten begangen werden/ und zu endtlichem Untergang dieser neuen Welt gereichen gesteuret und gewehret werden möchte.

Dise Gesetz sind von ihrer Mayest. gegeben worden nach dem sie viel ansehnliche Leut von Verstand unnd Gewissen/ dazu offtmals erfordert unnd ihr Meinung angehört/ welche dann zu Valladolit die Sach wol bewogen/ und gnugsam berathschlaget haben/ und letztlich/ als auch die andern/ so ihr Meynung schrifftlich

sich übergehen / dazu gestimmet/ sind diese Gesetz beschlossen worden/ so den
Gebotten JEsu Christi gleichförmig und gemäß sind/ und sind solche von
rechten Christen/ so da frey und von den Mackeln und Unlust der geraubten
Indianischen Schätze unbefleckt gewesen sind.

An welchen Schätzen ihrer viel nicht allein ihrn Hände verunreiniget/son-
dern vielmehr ihre Seelen beflecht haben. Solche hat der Geytz bey diesen
Schätzen in seiner Gewalt/ darauß die Blindheit entspringt/ daß sie alles
ohn einiges Gewissen also verwüsten und verderben.

Wie nun diese Gesetz offentlich kund worden sind/ haben der Tyrannen
Creaturen/ so am Hof solche offt abgeschrieben (dann es verdroß sie und thet
ihnen wehe/ daß durch dieselbigen ihrer Tyranney/ wie gemeldt/ zu rauben
und zu morden/die Thür solt gesperzt werden) und in India hin und wider geschickt und außgesprengt. Die nun Befehl hatten in India zu rauben/ und
alles durch ihre Tyranney zu verderben/ wie sie dann niemals darinn eine
Maaß gehalten/sondern solche grosse Unordnung getrieben/ daß es auch Lu-
cifer selbst nicht wol ärger hette machen können. Wie/sage ich/dieselbe nur der
Gesetze Abschrifft gesehen/ ehe dann sie solche zu vollziehen Befehl hatten be-
kommen/ weil sie wol erachten konten (wie man sagt/ und es auch glaublich
ist/ daß ihnen forthin ihre Boßheit und Muthwille nicht solte gestätter werden) empöreten sie sich dermassen/ daß als die Richter/ so geschickt würden/
ankommen/ sie auch (als die schon zuvor alle Forcht und Lieb Gottes von sich
gethan)alle Scham und Gehorsam ihrem König/schuldig/von sich wurffen/
und namen einen Namen an sich/ der da heist Verräther/ und wurden sol-
gend zu grausamen und abscheulichen Tyrannen gegen jederman. Sonderlich aber theten solches/ die im Königreich Peru waren/da dann dieses eintausend 500 zwey und vierzig Jahr solcher Jammer und abscheulichs Thun
fürlaufft/ deßgleichen zuvor weder in India/noch in der ganzen Welt gehört
worden. Dann sie nicht allein gegen den Indianern wüten und toben/welche
sie fast gar auffgeraumt und das Land verwüstet haben/ sondern sie fallen
selbst ineinander/ und verhengt GOtt durch sein gerecht Urtheil wunder-
lich/ daß einer an dem andern zu einem Hencker wird.
Durch dieser Auffrührer Hülff/ haben auch die andern in dieser newen
Welt/ den wolbedachten Gesetzen keine Folge thun wollen/ und unter dem
Schein/ als wolten sie an ihre Majestät umb Abschaffung solcher supplicirn/
haben sie sich gleich/ wie die andern empöret. Dann es ihnen wehe thut/daß
sie die Güter und den Standt/ so sie bißhero unbillich geführet und besessen

haben/

haben/ laſſen/ und die armen Indianer / die ſie gleich in ewiger Gefängnüß
und Dienſtbarkeit halten/frey loß geben ſollen. Dann wo ſie nicht die armen
Indianer alsbald mit dem Schwerdt hinrichten / bringen ſie doch dieſelbige
durch die unerträgliche Dienſtbarkeit und ſchwere Laſt / immer gemachſam
umb. Welches dann ſeine Majeſtät biſher noch nicht hat wehren und abſchaf-
fen mögen/dann alle groß und klein nichts anders in dieſen Ländern/als rauben und ſtehlen/ doch einer mehr als der ander/einer offentlich/ der ander heim-
licher treiben. Und ſolches alles unter dem Schein / als geſchehe es ihrem
Herrn und König zu Dienſt und beſten / da ſie doch durch ſolches Weſen
GOtt unehren, und ihrem König das ſeine abſtehlen.

Diß Bächlein iſt erſtlich in Hiſpaniſcher Sprach in der weitberühmten/
und ihrem König gehorſamen Stadt Sevilia/ ſo Hiſpalis iſt/ durch Seba-
ſtian Trugillo Buchdruckern zu unſer Frauen der Gnaden / gedruckt wor-
den/ im Jahr 1552.

Was hernach erzehlt wird/iſt nur ein Stück von einem Sendbrieff/wel-
chen einer aus denen/ ſo auff dieſer Reiß geweſen iſt/ geſchrieben hat/und erzehlet die ſeinen Thaten/ſo ſein Hauptmann zum Theil ſelbſt vollbracht/zum
Theil andern ſolche zu üben/an allen Orthen/ dadurch er gezogen/ zugeſehen
hat. Wie ſolcher Sendbrieff neben andern dem Buchbinder einzubinden gegeben worden/ hat derſelbe davon etliche Blätter verlohren / oder zu binden
vergeſſen.Dann darinnen erſchreckliche Thaten erzehlt werden/und hatte ich
ſolche von derer einem / die ſie geſchrieben bekommen/ und alſo gantz bey mir:
Was ich davon mittheile/hat weder Anfang noch Ende. Weil aber in dem
ſo mir geblieben/viel nützlich Thun erzehlt wird/hab ich es für gut angeſehen/
daß es gedruckt würde/der Zuverſicht/ E. Hoheit werde daran ſowol ein Ab-
ſchew haben/als was zuvor von mir erzehlt/und auch ein Mitleiden tragen.
Daneben aber eine Urſach und Begierde bekommen/mit Ernſt dahin zu trach-
ten/wie ſolchem Ubel möge geſteuret und den armen Leuten geholffen werden.

Der Sendbrieff.

ERlaubete/ daß ſie (die Indianer) in Ketten geſchmiedet/ und in
die Dienſtbarkeit geſtoſſen wurden / welches dann bald ausgerich-
tet wurde / und ließ ihm dieſer Hauptmann drey oder vier Heerde
ſolcher armen eingeſchloſſene Leute nachführen. Aber unter deſß dachte
er gar nichts drauff/ wie es billich hette ſeyn ſollen/daß das Feld gebawet und
beſäet würde. Er raubete auch den Indianern allen ihren Vorrath vom

Ge-

Getrÿyd/ dadurch die armen leut und natürliche Inwohner des Lands in die eusserste Hungersnoth kamen/ daß man auch ihrer grosse Anzahl so für Hunger auff dem Wege gestorben liegen fand. Und musten die Indianer auff dieser seite hin und wider der Hispanier Plunder tragen/ und brachte er dadurch zehentausend Indianer umb die Hälse und ihr Leben/ dann keiner aus ihnen auff dieser Seite/ mit dem Leben davon kam/ sintemal das Land gar zu hitzig und warm ist.

Nach solchem ist er gleich den Weg gezogen/ so Johann de Ambudia gezogen war/ und schickte er die Indianer so er aus Quito genommen/ eine Tagreiß für ihm her/ auff daß durch sie der Indianer Flecken verkundschafft und geplündert würden/ und er also die Beut/ wenn er mit den seinen ankäme/ bereit und beysammen fünde. Diese Indianer/ so er für sich herschickte/ waren sein und seiner Gesellen/ und hatte einer dreyhundert/ zweyhundert/ oder einhundert/ nach dem einer viel Plunders zu tragen hatte. Und solche Indianer kamen zu ihren Herren ider/ und brachten ihnen/ was sie geraubet und geplündert hatten. Solches ward ihnen nachgelassen/ und giengen sie mit den Weibern und Kindern erschrecklich umb.

Gleich also hat er auch zu Quito Hauß gehalten/ das gantze Land in Feuer und Blut gesetzt/ auch der Geißd/schweren/ darinnen die Herren ihr Maltis oder Getrÿyd behielten/ nicht verschonet. Er ließ ihnen allen Muthwillen nach/ schlachtet auch die Schaafe/ davon ŝh beyde das Landvolck und die Hispanier zuvor erhalten musten/ und nur daß er das Hirn und das Feiste oder Unschlit davon haben möcht/ ließ er auff einem mal offt zwey in die dreyhundert Schaaf nider schlagen/ und wurde das Fleisch davon weggeworffen/ und die Indianer der Hispanier Freund/ zogen nur mit ihnen/ daß sie die Hertzen der Schaaf essen möchten/ und schlugen derer eine grosse Anzal/ dann sie sonsten nichts davon essen/ als das Hertz. Zween haben auff einmal in dem Land Purua fünf und zwantzig Schaaf nidergeschlagen/ aus denen so man pflegt/ an statt der Esel Last zu tragen/ gebrauchen/ solcher war allweg eines unter den Hispaniern auff 25. Ducaten geschätzet/ davon assen sie nur das Hertz und Unschlit. Und sind also durch diese Unordnung mehr als hundert tausend stück Hauptviechs umbkommen. Darauff in dem Land grosser Mangel fürgefallen/ und sturben die leut zu Quito jämmerlich aus Hungersnoth dahin/ so sie doch mit einem solchen übermässige Vorrath von Maltis versehen waren/ daß es nicht wol zu sagen ist. Und kam es durch diese Unordnung dahin/ daß ein so grosser Hunger einfiel/ daß ein klein Maltis umb zehen Ducaten/ und auch ein Schaaf in gleichem Kauff gegeben wurde.   Wie

3. Indianer sterben Hungers.

4. Indianer unter der Last umbgebracht.

5. Indianer müssen einander der selbst plündern und berauben.

6. Toxanney zu Quito.

7. Hunderttausend Haupt Schaaf in Indien nur wegen des Unschlitts nidergestochen. Indianer essen allein das Hertz von Schafen.

Hungersnoth in Indien und zu Quito.

Teurung in Quito.

Wie nun dieser Hauptmann von der Seite wider kommen war/ beschloß er von Quito weg zu ziehen/ den Hauptmann Johan de Ampudia zu suchen/ derhalben bracht er in die 200. zu Roß und Fuß auff/ drunter viel Inwohner der Stadt Quito waren. Er erlaubte auch denen/ so Inwohner der Stadt Quito waren/ daß sie ihre Caciques/ so ihnen waren zu theil worden/ und so viel Indianer als sie wolten/ möchten mitführen/ welches sie auch theten. Und führete Alonso Sonches Nupta seinen Cacique/ und mehr als 100. andere Indianer/ sampt ihren Weibern mit sich.

8. Indianer mit Weib und Kindern weg-geführet.

Deßgleichen Peter Cobo und sein Schwager/ führeten mehr dann einhundert und funfftzig/ und ihre Weiber mit sich. Viel unter ihnen führeten auch ihre Kinder mit/ dann es starb sonsten alles Hungers. Moran zu Popayan wohnete/ führet über 200. Persohnen mit sich. Deßgleichen thäten auch die andern Inwohner und Bürger/ ein jeder nach seinem Vermögen/ und begehrten die Soldaten/ daß man ihnen wolte zugeben/ ihre Indianer und Indianerin/ als Gefangene zu halten/ da wurde ihnen solches vergönnet/ und wenn sie sturben/ ersetzten sie solch mit andern. Dann sagten sie: So die Indianer Ihrer Majestät unterthan sind/ so sind sie der Hispanier gleich so wol/ welche so wol im Krieg/ als sie/ ihr Leben wagen müssen.

Indianer zu Sklaven gemacht.

Auff solche Weiß zog demelter Hauptman zu Quito weg/ und kamen in eine Stadt Obtaba genenne/ welche er auff diese Grund noch für seinen Theil helt/ und begehret an den Cacique/ daß er ihm 500 Mann mit in Krieg zu führen/ gönnete. Welches er ihm alsbald gewehret/ und ihm gar fürnehme ansehnliche Indianer geschickt: Diese theilet er unter seine Soldaten/ ein Theil behielt er für sich. An solchen musten etliche Last tragen/ die andern schloß er in die Eysen/ ein Theil ließ er frey gehen/ daß sie ihnen Fütterung und Proviant zutrügen. Also führeten die Soldaten die ihrigen mit sich/ in Ketten und mit Stricken gebunden. Wie sie zu Quito auffzogen/ haben sie mehr als 600. Indianer und Indianerin auff diese Weiß mit sich wegführt/ und unter allen sind ihrer nicht 20. wider heim kommen/ dann sie alle/ unter den schweren Bürden und Lästen/ so sie gezwungen wurden zutragen/ und in den heissen Landen/ das alles wider ihr Natur war gestorben sind.

9. Sechstausend Indianer bettlägtich und jämmerlich umbs Leben gebracht.

Es begab sich umb diese Zeit/ daß der Hauptmann einen mit Namen Alonso Sonches/ mit etlichem Volck in ein Ländlein außschickte der traff fast mitten auff dem Weg etliche Weiber und junge Knaben mit Proviant beladen an/ die warteeten allda ihrer in aller still/ und wolten ihnen/ was sie hetten mittheilen/ Aber er befahl/ daß sie alle durchs Schwerd umbkämen. Und trug sich ein wunderlich Geschicht zu.   Als

10 Greuliche ermordung etlicher Indianischen Weiber und Knaben.

Als ein Hispanier auff ein Indianisch Weib zuschlug/ sprang ihm den ersten Streich sein Schwert entzwey/ den andern blieb ihm nur das Hefft/ und wurde die Indianerin nicht verwundt. Ein ander Hispanier/ als er auch mit einem viereckichten Dolchen eine Indianerin schlug/ sprang von solchem wol vier Finger breit ein Stück/ den andern schlag blieb ihm auch nur der Knopff in der Hand.

Verwunder-lich Exempel Göttlicher Vorsehung:

Gleich zu dieser Zeit zog der Oberhauptmann von Quitto auß/ und nahme/ wie gemelt/ viel der Landleuth mit sich/ nahme solchen ihre junge Weiber/ und gabe sie seinen Indianern/ die er mit sich führte/ die andern so alt waren/ gab er denen so in der Statt blieben.

Spanischer Hauptmann verpartieet der Indianer welchdarunter seine Soldaten:

Wie er von Quitto außzoge/ lieff ihm ein Frau/ so ein klein Kind auf dem Arm trug/ nach/ und schrye kläglich/ er solte ihren Mann nit mit führen/ dann sie hett drey kleine Kinder/ die sie nicht ernehren könnte/ und müsse Hungers sterben: Und als ihr der Hauptman in dem ersten Anlauffen ein böse Antwort gab/ hielte sie mit schreyen an/ ihre Kinder starben Hungers: Und wie sie der Hauptman ließ von sich reiben/ und ihren Mann nicht wolt widergeben/ schlug sie auß Verzweifflung deß Kindleins Kopf das sie trug/ wider einen Stein/ das es starb.

81. Erschröckliche Histori durch den Spani-schen Haupt-man verur-sacht.

Hernach hat sich diß zugetragen: Als gemelter Hauptman/ in das Land Lili/ in eine Statt Palo genandt/ und nahe an den grossen Wasser gelegen/ kommen/ da er den Hauptmann Jchann de Ampudia angetroffen so zwar dahin gelangt/ deß Lands Gelegenheit zuerforschen und zubefriedigen. Dieser Ampudia hielt die Statt mit Besatzung wegen Jhrer Mayest. und deß Marggrafen Francisci Pizarri Solano von Quennones/ dem er acht Räthe zugeben hatte/ und war das Land in Frieden auffgetheilt. Wie nun Johann de Ampudia erfehrt/ das der Hauptmann auff dem grossen Wasser sey/ zieht er ihm entgegen mit viel der Jnwohner und der Indianer so sich friedlich hielten/ und allerley Frucht und Proviant trugen. Es kamen auch alle andere Indianer in der Nähe ihn zuempfangen/ und mit Proviant zuverehren/ nemblich/ die von Xamundi/ die von Solima und die von Bolo. Weil sie aber nicht so viel Maltis/ das ist/ Getreyd/ mit sich brachten/ als er haben wolt/ schicket er eine grosse Anzahl Hispanier sampt ihren Indianern auß/ Maltis zusuchen/ und wo sie solches finden/ es were wo es wolt/ solten sie es zu ihm bringen. Darauff zogen sie auff Bolo und und Palo/ funden daselbst die Indianer friedlich in ihren Häusern. Aber die Hispanier und die mit ihnen waren/ fiengen solche/ nahmen ihn auch all ihr Maltis oder Getreyd/ auch Gold und ihre Decken./ und alles was sie

Indianer tragen den Spaniern Provi-ant entgegen

Spanier plün-dern die Indianer.

R   funden/

Spanier plündern die Indianer wider Befehl / Trauen und Glauben.

funden/ und führten ihrer viel gebunden hinweg. Die andern Indianer/ als sie sahen/ daß man so ubel mit ihnen umbgienge/ beklagten sich solches bey dem Hauptmann/ und baten/ man wolte ihnen alles was ihnen die Hispanier genommen/ wider zustellen. Aber es war deß Hauptmanns Gelegenheit gar nit/sondern gab ihnen nur zur Antwort: Es solte forthin nit mehr geschehen. Aber gleichwol nach 4. oder 5 Tagen/ kamen die Hispanier wider/ und wolten deß Maltis mehr haben/und plünderten die Landleuth wie zuvor.

Indianer gedrungen sich zuempören.

Spanier ein ursach/ daß Land und Leut in India verwüst worden.

Landfresser.

Wie sie nun sahen / daß ihnen der Hauptmann weder Trauen noch Glauben hielte/ haben sie sich alle zugleich im Land wider die Hispanier empöret / darauß dann grosser Schade und Verlust gefolgt / auch darinnen wider Gott und die Königliche Mayestätt in Spanien ubel gehandelt worden. Bleibt also das Land verwüst. Dann die Olomas und Manipos so ihre Feind/ und im Gebirg wohnen/auch deß Kriegs wol erfahren sind/ kommen fast täglich sie zu uberfallen/ zuplündern und zu rauben / und ietz desto mehr / so sie sehen/ daß die Stätt und ihre Wohnungen erödet und verwüst sind. Und unter diesen frisset ie / welcher der stärckest ist/ den andern/ dann sie sonst alle Hungers sterben.

14.
Indianer beraubt umbgebracht und mit Brand verderbet.

Nach solchem ist der Hauptmann an deß Ampudia statt kommen / und allda für einen General Obristen angenommen worden. Von dannen ist er nach sieben Tagen gezogen nach Lili und Pett / mit sich uber zweyhundert Mann zu Fuß und zu Roß führende. Und hat solchem nach/ dieser Obriste seine Hauptleuth uberall hinauß geschickt/ die Indianer und Indianerin umbgebracht/ ihre Häuser verbrennt / und ihr Gut geraubt: Solches hat viel Tag gewehrt. Wie nun die Landherrn sahen/ daß man sie also verderbt und umbbracht/schickten sie die Indianer mit Proviant friedlich zu ihm.

15.
Spanier brennen/morden und rauben umb Pee.

In dem kombt obgemelter Hauptmann zu einer Statt mit Nahmen Pee/ alle Indianer so die Hispanier zu Lili gefangen hatten/ mit sich führent dann er keinen loß gelassen hatte. Wie er nun zu dieser Statt Pee kombt/ schickt er alsbald die Hispanier auß/ daß sie brennen/ morden und rauben solten / was sie antreffen/ und so viel sie kondten / von Mannen und Weibern zu ihm bringen/ und solten ihre Häuser anstecken/ dadurch uber hundert Häuser in Brand gesetzt worden.

16.
Spanischer Hauptmann nö higet den

Von dannen zoge er zu einer andern Statt mit Nahmen Tulilicui/ aber der Cacique zog ihm alsbald friedlich mit vielen andern Indianern entgegen. Der Hauptmann fordert alsbald von ihm und den Indianer/ so mit ihm

wa-

waren/ sie solten ihm Gold geben/ darauff antwort der Cacique: Er hette
deſſen nit viel / aber auch daſſelbe ſolte ihm geliffert werden. Dorauff brachten ſie / ſo viel ſie hatten und vermöchten. Solchen gab der Hauptmann einem jeglichen einen ſonderlichen Zedel / darauff deß Indianers Nahmen
geſchrieben war / zum Zeugnus/ daß er Gold geben hette/ und bedrohete ſie/
welcher keinen Zettel hette/ den wolt er den Hunden fürwerffen/ daß ſie ihn
erreiſſen ſolten/ weil er ihm kein Gold geben hette. Alſo bracht er von den
Indianern alles Gold/ daß ſie nur hatten herauß. Die aber ſo keines hatten/ flohen davon auff das Gebirg und in andere Stätt / dann ſie förchten
ſich/ man möchte ſie ermörden. Dardurch ſehr viel Landsvolck umbkommen iſt.

Hernach befahl er dem Cacique er ſolte zween Indianer in eine Statt
mit Nahmen Dagna ſchicken/ und ihnen ſagen laſſen/ daß ſie friedlich zu
ihm kämen/ und Gold mit macht brächten/ und wo ſie in eine Statt kamen/
ſchickt er dieſelbige Nacht viel Hiſpanier wider zu ruck/ daß ſie von den Indianern zu Tultlicui fiengen/ ſo viel ſie konten Männer und Weiber. Alſo
brachten ſie ihm deß andern Tags uber hundert Perſonen/ darauß nahme er
alle die / ſo Laſt tragen konten/ für ſich und ſeine Soldaten/ und ſchleß ſie in
Ketten/ darinn ſie dann alle geſtorben ſind. Und dieſer Hauptmann gab die
jungen Kinder dem Cacique zu Tultlicui/ der ſie fraß/ und ſind noch die häut
davon mit Aſchen außgefüllt/ in deß Cacique Tultlicui-Hauß aufgehenckt.

Alſo zog er von dieſem Orth ohne Dolmetſchen/ und kame in das Land
Caltli/ da er ſich zu dem Hauptman Johañ de Ampudia thete/ welchen er durch
einen andern Weg diß Land zuerkündigen aufgeſchickt hatte. Es plagten
aber ſolche alle beyde die Leuth/ wohin ſie kamen/ uber die Maſſen ſehr/ und
trieben viel Muthwillens und Ubels.

Der Johann de Ampudia kam an eine Statt / darfür der Herr oder
Cacique mit Nahmen Pitacon etliche blinde Gräben gemacht hatte/ ſich zu
wehren/ darein fielen zwey Pferd / eins deß Antonii Redondo/ und das ander deß Marcos Marques / dieſes blieb todt/ das ander nicht / derwegen
befihlet der Ampudia/ daß man alle Indianer/ von Mann und Weibs vo. ck
die man nur konte/ fangen ſolte. Alſo brachten ſie mehr als 100. Perſonen
die worffen die lebendig in diſe Gräben/ darinnen ſie jämmerlich geſtorben/
und flugs darauff verbrennten ſie mehr als hundert Häuſer in der Statt.

Alſo traffen ſie zuſammen in einer groſſen Statt / aber ſie forderten we
der die Indianer ſo mit ihnen waren/ noch keinen andern Dolmetſchen/

N ij

gen und un-
vermehreten
Indianer
11.
Ein Spani-
scher Tyrann
tödtet deß an-
dern Tyranney.

mit ihnen Sprach zuhalten / sondern erstachen mit ihren Spiesen derer sehr
viel / führeten also ihren blutigen Krieg hinauß.

Alsbald sie / wie gesagt / zusammen kommen sind / erzehlet der Ampudia dem Hauptman / was er zu Pitaco außgerichtet / und wie er das Volck
in die Gräben geworffen hette. Darauff sagte der Hauptmann / daß er es
sehr wol außgerichtet hette: Dann an dem Wasser Bamba / so in dem
Land Quitto fleusset / deßgleichen gethan / und uber zwey hundert Personen
in die Gräben geworffen. Allda blieben sie ein Weyl beysammen / und be-
kriegten das gantze Land.

13.
Spanier ver-
wüsten alles
mit Feuer und
Schwert.

Hernach kam er in das Land Pirium oder Angerma / und verherget alles durch Feuer und Schwert / biß an die Saltzhütten.

14.
Indianer er-
bieten sich zum
Frieden und
all ihr Vermö-
gen den Spa-
niern.

Von dannen auß schicket er Franciscum Garciam für ihm her zuplündern / welcher den Landleuthen alle Plag / wie er gewohnt war / anlegte. Die
Indianer kamen ihm entgegen / zween und zween / und winckten mit den
Händen / daß sie wegen deß gantzen Landes Friede begehrten / und sagten /
sie wolten alles thun / was man an sie begehrte / und wolten alles geben / was
sie hetten / Gold / Weiber / und Proviant / allein man solte sie bey dem Leben lassen. Und solches ist wahr / dann sie selbst haben es hernach außgesagt.
Aber der Franciscus Garcia sagte / sie solten nur hingehen / es weren volle
Zapffen / und er verstünde nicht / was sie sagten oder wolten. Also zoge er wider

Spanier ver-
bergen und
verwüsten die
Länder.
Zweytausent
Indianer ge-
fangen wegge-
führt.

zurück zu seinem Hauptman / und theileten sich das gantze Land zudurchstreiff-
fen / und verhergeten durch den Krieg alles / sie raubten plünderten alles / und
brachten ihrer viel umb. Er führete auch mit seinen Soldaten mehr als zwey
tausent Seelen gefangen hinweg / welche alle in Eysen und Banden gestorbn
sind Ehe er von diesem Orth / so er also verwüstet hatte / weg zoge / brachte er
mehr als 500 Personen umb / Also kam er wider in das Land Castil.

15.
Gefangene
Indianer in
den Eysen jäm-
merlich umb-
gebracht.

Auff dem Weeg / so etwann für Müdigkeit ein Indianer oder Indianerin nicht fort kondte / stach man solche mit den Dolchen zu todt / und hieb
ihnen die Köpff an Halßeysen ab / daß man nicht dürffte so viel Mühe haben
solche auffzuschliessen / und auff daß sich die andern daran stiessen / und sich nit
auch kranck machen solten. Auff solche Weiß kamen sie alle umb / und auff
disen Reisen giengen alle die zu Boden / so er auß Quitto / Pasto / Quilla,
Congua / Potra / Popayans / Lili / Cali und Azerma mitgeführt hat.

16.
Spanier fien-
gen und brin-
gen alles umb.

Alsbald sie wider an die grosse Statt kamen / brachten sie alle / die sie
nur kundten umb / Und diesen Tag fiengen sie 300. Personen.

Auß dem Land Lili schicket er den Hauptmann Ampudia mit viel Volck
in die Häuser und Oerter / da am meisten Volcks in Lili wohnete / daß er alle
die er

die er konte/ fangen solte/ und welche wolte er ihren Plunder und Last zu tragen gebrauchen. Dann die andern so er aus Anzerma und Cali geführet/ waren alle umbkommen derer doch ein grosse Anzahl/ und mehr als 1000. Personen gewesen waren. Auß solchen nam der Hauptmann für sich so viel er be-
rer bedorfft/ die andern theilete er unter seine Soldaten/ die sie alsbald in die
Eisen schlugen/ in welchen sie alle sterben mußten. Also führete er aus dieser
grossen Stadt alle Inwohner/ von Indianern und Landvolck/ die doch in
grosser Zahl waren/ wie dann an dem geringen Häufflein/ so übrig geblieben
ist/ gnugsam zu sehen.

17.
Spanier fan-
gen die Jn-
dianer und
bringen sie in
Eysen und.

Von dannen zog er auff Popayam. Auff dem Weg ließ er einen Hispa-
nier/ mit Namen Martin de Aguirre lebendig hinter sich/ dann er den andern
nicht folgen konte. Wie er gen Popayam kommen/ hat er darein eine Besatzung gelegt/ und angefangen das Landvolck auff die Weiß/ wie er überall
den Gebrauch gehabt/ zu berauben/ auszurotten und zu vertilgen.

18.
Spanier
rauben und
verwüsten das
Land umb
Popayam.
Spanischer
Hauptmann
betreugt den
König und die
Soldaten.

Allda hat er ein Königlichs Gepräg machen lassen/ und alles Gold/ so er
gehabt/ und auch daß Johann Ampudia ehe er zu ihm kommen/ zu Hauff gebracht hat/ schmelzen lassen. Darüber er aber gar keine Rechnung gehalten/
hat auch keinem Soldaten etwas davon geben/ sondern alles für sich behal-
ten/ ausgenommen/ daß er etlichen/ so umb ihre Pferd kommen waren/ dar-
für/ was ihm gefiel gabe. Nach solchem hat er das fünffte ihrer Majestät ab-
gesondert/ und für geben/ Er wolte nach Cuzco reisen/ und seinem Obristen
Rechnung thun. Aber er nam seinen Weg nach Quito. Auff der Reiß führete er viel Indianer von Mann und Weibern mit weg/ welche alle auff dem
Weg und zu Quito starben. Darauff hat er das Königliche Gepräg wider
zerschlagen.

Hiebey muß ich melden/ was er selbst von sich ausgeben: Dann ihm wol
bewust/ was für Unglück und übels er überall gestifftet hatte: Wer nach fünfftzig Jahren/ pflegt er zu sagen/ die für über wandern oder reysen/ und von mir
hören wird/ wie ich Hauß gehalten/ wird sagen/ Allhie ist ein solcher Tyrann
gewesen.

29.
Spanier füh-
ret die India-
ner mit sich/ so
alle sterben
müssen.
30.
Spanier hat
ten jederzeit
und an einem
Orth wie am
andern Hauß.

Ewer Hochheit soll gewiß wissen und darfür halten/ daß wie dieser in gemeldten Königreichen Hauß gehalten/ und was er für ein Weiß geführet/
die Indianer in diesen Ländern/ so friedlich lebeten/ zu besuchen/ und die Boßheit so er darinn geübt/ sind gleich also auch von den andern Hispaniern getrieben worden/ welche jederzeit diesen Gebrauch von Anfang/ da sie erstlich

diese

diese Länder gefunden/ gehalten haben/ und noch in gantz India es nicht anders treiben noch halten.

Ende des Senddrieffs.

Der Author.

Nter andern / so Don Frater Bartholomæus de laß Casas/ Bischoff der Königl. Stadt Chiapa/ auff Befehl des Käysers/unsers Allergnädigsten Herrn/ gerathen hat in der Versamlung/ so seine Majestät zu Valladolid/ im Jahr ein tausend fünffhundert zwey und viertzig/ von Prælaten und andern verständigen gelehrten Personen zu halten befohlen/ daß sie nemlich auff Wege/ wie die Reformation in India fürzunehmen were/gedencken solten/ist diß/ so hernach folget/das achte Mittel gewesen/so er durch zwantzig Beweiß bekräfftigt/vermittelst welcher er schleust/ daß die Indianer den Hispaniern weder zu Lehnleuten/ noch zu Unterthanen noch tragend auff ein andere Weiß/ sollen untergeben noch befohlen werden/ so anders seine Majestät/solche / wie er verhoffet/ von der Tyrannen und Schaden/ so sie erleyden:gleich als den Drachen aus dem Rachen reissen/ und zu erledigen gedencke / sonsten werden sie folgend getödtet/ und von den Hispaniern auffgeräumt werden/ und werde diese newe Welt/die gar volckreich gesehen / gar wüst und öde von seinen Inwohnern gelassen werden.

Das achte Mittel / so unter den andern das fürnemste ist/ und auch das kräfftigste / als ohne welches die andern wenig geheen und nutz seyn werden/ als die sich alle auff diß/gleich wie ein Ziel ziehen/ sonderlich was Ewer Majestät anlangt und betrifft/ welches keiner wol ausführen kan / sintemahl es betrifft entweder den entlichen untergang der Indianer/ oder daß solche endlich erhalten werden. Und ist diß das Mittel davon ich sage:Daß Ewer Majestät befehle/gebiete/und ordne in allen fürnehmen Gerichten/und Rechten/ durch Königliche Gebot/Gesetz und Sanctiones Pragmaticas/mit herrlichster darzu gehörender Solennität/ daß alle Indianer/ so wol die/so allbereit bezwungen/als die noch bezwungen werden/sollen der Königlichen Cron Castilien und Ẽcon/unter Ewer Majestät Lehen/als freye Lehenleut und Unterthanen incorporirt/eingeleibet und gebracht / und daß solche den Hispaniern gar nicht untergeben werden / sondern daß diß eine unwiderkomliche Constitution und Beschluß/ auch Königlich Gebot sey/ daß sie nimmermehr/weder

jetze

setzt noch künfftig / von der Königlichen Cron mögen verwendet / getrennt /
verschenckt / andern zu Lehen verliehen / versetzt verkaufft / oder durch andere
Weiß und Weg / wie die heissen oder Namen haben mögen / von der Königlichen Cron gerissen / weder durch Verdienst oder Ansehen einiger Person /
wer die sey / weder durch Noth / oder Zwang / wie die seyn mag / weder durch
Ursach oder Schein / wie der fürgewend oder erdacht werden mag oder kan.
Solches stehet fest und steiff zu halten / soll Ew. Maj. ausdrücklichen / auff
dero Namen / Glauben und Königliche Wort und Kron / mit einem würck-
lichen Eyd bekräfftigen / und durch andere H. Gebräuche / die Christliche Po-
tentaten zu ihrem Eyd zu gebrauchen pflegen / bestättigen / daß zu keiner Zeit /
weder durch E. Majest. Person / noch deren in ihrem Königreich / und den
Indien nachkommen / so viel an ihnen ist / solches widerruffen / abschaffen /
noch widerkommen wollen. Und soll auch in seinem Königlichen Testament
E. Majest. ausdrücklich befehlen und ordnen / daß dieses jederzeit bestättigt /
gehalten und vertheidigt werde / und so viel an ihnen gelegen / sie solches bekräfftigen / und zu halten Folg thun wollen. Und diß ist die hohe Nothdurfft /
welche ich durch 10. Beweiß bekräfftigen will.

Auß solchen Beweiß haben wir nun kürtzlich gezogen / was zu diesem unserm Büchlein dienstlich und nützlich ist.

Auß dem andern Beweiß.

Die Hispanier durch ihren grossen Geitz und Begierde mehr zu haben / gestehen nicht / lassen auch nicht zu / daß die Mönch und Geistlichen in die Städte und Oerter so sie in Befehl haben / kommen /
dann sie sorgen / daß ihnen darauß zweyerley Schaden entstehe. Der fürnemste ist / daß die Geistlichen die Indianer auffhalten / wenn sie dieselbigen zu
den Predigen verschicken / dnen unterdeß werde die Arbeit nicht versorgt /
und werden die Indianer dadurch faul und von der Arbeit abgehalten. Und
hat es sich zugetragen / als die Indianer in der Kirch Predigt höreten / daß
ein Hispanier / in aller Gegenwart hinein gerretten / und funfftzig oder hundert / so viel er benötiget / herauß genommen / die ihm seinen Plunder haben müssen forttragen / und weil sie nicht flugs fort wolten / schlug er mit
Prügel unter sie / und stieß sie mit den Füssen fort / und machet also einen Unrath und Unlust in der Kirchen / mit der Zuhörer / auch Geistlichen und der armen Indianer grossen Widerwillen / und wurden also
sämpt-

(Randbemerkungen:) Spanier warumb sie die Geistlichen neben sich in Indien nicht leyden wollen.

1. Spanier nehmen die Indianer von anhörung der Predigt zu ihrer Arbeit.

sämptlich/ was zu ihrer Wolfahrt und Seligkeit zu hören dienstlich/ gehindert.

2.

Der ander Schade/ welchen sie sagen darauß folge/ ist/ daß wenn die Indianer zu Christen werden/ so wollen sie Herrn seyn/ und mehr wissen/ als ihnen zu wissen gebühret / und können hernach nicht mehr zu allen Diensten/ wie zuvor/ gezwungen werden.

Was die Hispanier in Indien suchen.

Die Hispanier suchen nichts anders / als nur oben hinauß/ und wollen von den Indianern/ als Herrn angebettet seyn.

1.
Spanier Ehrgeitz.

Die Hispanier hindern fürsetzlich und offentlich/ daß das Evangelium seinen Lauff nicht haben/ und daß die Indianer nicht Christen werden mögen.

2.
Spanier hindern den Lauff des Evangelii in Indien.

Es begibt sich gemeiniglich/ daß eine Stadt oder Flecken/ zweyen dreyen oder vier Spaniern eingeraumet wird/ einem mehr dem andern weniger/ und bekompt offt einer zu seinem Theil die Frau/ der ander den Mann/ der dritt die Kinder/ gleich als wenn es Säw weren. Also hat ein jeder Indianer zu Leibeigenen/ die sie gebrauchen/ entweder das Feld zu bawen/ und schicken sie wie die Thier zu arbeiten in die Bergwerck / ein Theil vermieten sie zween und zween die Last über Land wie die Esel zu tragen/ auff dreissig/ vierzig/ 50. ja hundert oder zweyhundert Meyl weit. Und solches trägt sich täglich zu/ wie ich selbst gesehen hab. Dieses verhindert nun die Indianer sehr / Gottes Wort zu hören/ und darinnen unterweiset zu werden. Sie machen aus gar freygebornen Leuten arme elende leibeigene Knechte Sie verstören und verwüsten grosse Städt/ und zerstrewen die Leut voneinander/ daß sie auch kein Hauß an dem andern/ noch die Eltern bey den Kindern lassen.

Spanier parciren die Indianer unter sich wie Säw.
Mißbrauch der Indianer.

Die Hispanier halten gleich so wenig von den Indianern als von unvernünfftigen Thieren/ derwegen sie solche zu bekehren gar nicht begehren/ gleich als wenn die Seelen mit dem Leib stürben/ und als wenn nach diesem Leben kein ewiges Leben noch ewige Pein were.

Spanier halten die Indianer wie unvernüsstige Thier.

Aus dem dritten Beweiß.

Spanier sorgen Fantasten und Narren zu Seelsorgern.

Je Hispanier haben Befehl / die Indianer in dem Christlichen Glauben zu unterweisen. Solchem Befehl nach haben sie Johann Colmenero von S Martha welcher doch ein fantastischer ungelehrter Narr ist/ eine grosse Stadt eingeben/ und haben ihm der Inwohner Seel zu versorgen befohlen. Solcher/ als er von uns gefordert und gefragt wurde (dann er sich nicht segnen kondte) was er seine Indianer lehrete/ antwortet er: Ich gebe sie dem Teufel / und ist genug/ daß ich ihnen sage: Per signum

signum sanctæ Crucis: Wie ist es doch möglich / daß die Hispanier/ so in Indien reisen/ solten Sorg auch für ihre Seele haben / sie lassen sich gleich so edel und hoch bedüncken/ wie sie wollen / dann viel unter ihnen können und wissen nicht weder den Glauben/ noch die zehen Gebott/ und dem meisten Theil unter ihnen ist unbekannt/ was zu ihrer Seeligkeit vonnöthen ist. Ziehen also keiner andern Ursach wegen in India / als ihren Begierden und bösen Lüsten ein Gnügen zuthun. Dann sie sind voller Laster/ eines bösen Wandels und Lebens/ bey welchen nichts erbars/ redlichs und treues zusuchen/ viel weniger zufinden ist/ daß/ wann die Indianer ihnen vergleicht werden solten/ dieselben viel eines erbaren/ auffrichtigen/ tugenthafftigern Lebens und Wandels in ihrer Art / als die Hispanier gefunden würden. Dann die Indianer/ wiewol sie ungläubige verstockte Heyden sind/ lassen sie sich doch an einem Weib genügen / wie sie dann solches die Natur und Noth lehrt / und müssen doch sehen / daß die Hispanier offt vierzehen oder noch mehr Weiber zur Unzucht halten/ welches ja wider die Gebott Gottes ist. Die Indianer nehmen niemand nichts mit Gewalt/ verzehren auch niemand das seine/ sie suchen niemand / sie plagen noch trucken niemand / sie morden niemand: Und müssen doch sehen / daß die Hispanier alle Sünd/ alles ubel/ alle Boßheit und unredliche Thaten / so nur ein Mensch wider alle Erbarkeit und Recht begehren und treiben mag / täglich uben. Daher kombt und wird verursacht/ daß in Summa/ die Indianer alles das/ was ihnen nur von Gott gesagt wird/ verlachen/ etliche glauben auch gar nicht / spotten unser / und haben diesen Wahn gefast/ das der Christen Gott der ärgste und ungerechste unter allen Göttern sey/ weil er so böse/ verruchte Leut als die Hispanier sind/ zu Dienern hat.

Ewer Mayest. anlangent / halten sie solche für den unbillichsten und grausambsten König/ so unter allen Königen zufinden / weil E. Mayest. so boßhafftige Leuth zu ihnen schicket/ und meynen E. Mayest. haben dergleichen Diener allzeit umb sich/ glauben also/ E. May. ernehre sich von Menschenfleisch und Blut. Wir wissen/ das solches E. May. frembd und seltzam wird fortkommen/ aber solche Reden sind in India alt und gebräuchlich. Dergleichen können wir von andern Dingen sagen/ die wir mit unsern Augen gesehen haben: Aber solche würden E. May. Königliche Ohren gar zerschellen und zuwider seyn/ und andere dermassen erschröcken/ daß sie drüber verstürtzt sich entsetzen würde/ daß Gott Hispania umbzukehren/ so lang aufhalee und zusehe.

O   Diser

Spanier sollen für ihre eigene Seelen sorgen.

Spanier warum sie in Indien ziehen.

Indianer frömmer und redlicher dann die Spanier.

Indianer haben nicht viel Weiber.

Indianer thun niemand Gewalt.

Spanier treiben alle Sünd und Uebelthaten.

Spanier ein ursach daß die Indianer die Christliche Religion verlachen.

Spanier gebt den Indianern Ursach zu ihres Königs verkleinerung.

Dieser Titel / die Indianer den Hispaniern zuuntergeben / und zube-
fehlen / ist auß keiner andern Ursach gefunden / dan das sie da durch Gelegenheit bekämen / solche in ewige Dienstbarkeit zustossen.

Spanier geb *[Marginalie]* Spanier geb den Jndianern sehr schädliche Exempel.

Ein Hispanier / so also ein Statt / Flecken / oder Dorff im Befehl
oder innen hat / thut mehr schaden durch sein böß Exempel / als hundert heilige Ordensleuth / guts und nützliches außrichten / mit vermahnen und die
Leuth auff den Glaub / n zuweisen.

Auß dem vierdten Beweiß.

Geitz/ Muth- *[Marginalie]* Geitz/ Muthwill und Gewalt der Spanier in Indien.

Je Hispanier / so man ihnen zuläst in India uber die Leut als Sclaven zugebieten / und ihren Theil daran zuhaben / ist es ihnen / wegen ihres grossen Geitzes / und daß sie nicht ersätiget werden mögen / unmöglich zuunterlassen die armen Indianer zuplagen / zuquelen / zu-
drucken / zuschlagen und zuverderben. Dann sie ihnen ihre Gütter / Weiber / Kinder und was sie inr haben / nehmen / und zu sich ziehen / und brauchen auch sonsten auff andere Weiß ihren Muhtwillen also / daß ihnen von
der hohen Obrigkeit Ew. Mayest. nicht geholffen werden mag.

Spanier ver- *[Marginalie]* Spanier verbittern die Jndianer wider ir Gott/ sein Wort/ und de König.

Dann die Hispanier erschröcken und bedrohen die armen Leuth / ja so sie
klagen wollen / schlahen sie solche gar zu tod / so sind sie für ihrer Klag sicher
Solches haben wir gut wissen. Darauß ist ja wol zusehen / daß die armen
Leuth also gemartert und gequelet / weder Ruhe noch Friede haben mögen /
GOttes Wort zuhören und zulernen / sondern werden durch tausenterley
Weiß davon abgehalten. Leben also in Angst / Qual / Traurigkeit und er-
bitterten Hertzen / sind Ew. Mayest. deßwegen spinnen Feind / und haben
ein Abscheu an dem Gesetz Gottes / welches sie für schwer / bitter und uninüg-
lich zuhalten achten.

Spanier ver- *[Marginalie]* Spanier verursachen die Jndianer der ChristenGott zuschäern.

Deßgleichen halten sie Ew. Mayeftätt Herrschafft und Joch uber sie
unträglich / tyrannisch / und dem man sich mit allen Kräfften entziehen soll :
Lästern Gott und verzweifflen an ihnen selbst / und rechnen unserm GOtt
alles solches Ubel zu / weil unter dem Schein seines Worts und Gesetzes
Verkündigung / so grosses Ubel und Qual / wie erzehlet / ihnen uber den
Halß kombt / sonderlich weil er solches sihet und geschehen läst / straffe auch
und hindert die nicht / so sich seine Diener rühmen und darfür außgeben /
und legen ihnen doch alles Hertzenleyd an. Sie klagen Tag und Nacht
ihre

ihre Götter / und halten es darfür / daß sie besser gewesen sind / als unser Gott / weil sie ihm alles Ubel / so sie leyden zurechnen / dann sie von ihren Göttern sagen sie / alles guts empfangen hetten / und hette sie gar niemand geplagt noch betrübt / wie sie von Christen leyden müssen.

Indianer warumb sie ihre Götter besser achten dann der Christen Gott.

Auß dem fünfften Beweiß.

WIr wollen Ew. May. beweisen und darthun / daß die Hispanier in acht und dreyssig oder viertzig Jahren / unbillicher Weiß unnd gewisser Rechnung nach mehr als zwölff Millionen Seelen / so Ew. May. Unterthauen haben umgebracht und ermordet / Ich will es nun andere bedencken lassen / wie sich die grosse Welt diese Zeit uber von solchen hette mehren sollen. Dann das Land an ihm selbst fruchtbar ist / es sey an Vieh oder Menschen / deßgleichen kaum eins in der Welt zufinden. Dann die Erden in diesem Land und die Lufft ist fast uberall besser als anderswo / sein temperirt / und zu Fortpflantzung der Menschen bequem.

Spanier mehr den 12. Million Indianer ermordet.

Fruchtbar feld der neuen Welt.

Die Hispanier haben diese nützliche Leuth und Völcker umbgebracht / und ermordet / nur daß sie / was noch ubrig / unter sich zwingen / und ohne Forcht uber sie herrschen könten. Und was in ihren unbilligen Kriegen uberbleibt / müssen ihnen solche / die sich doch billich wider ihre Tyranney gewehret haben / für Sclaven dienen / und in Gold und Silbergruben arbeiten / kuppeln also zween und zween / wie unvernünfftige Thier zusammen und müssen schwere Last tragen. Sie verleihen sie auch wie Mietroß / unnd müssen was ihne n nur zu Gewinn reichet außrichten. Gilt ihnen gleich / sie sterben oder genesen / wann sie nur Nutz von ihnen haben mögen. Ich sage die lautere Warheit und ubergehe viel / das sonst jedermänniglich bekant ist.

Warumb die Hispanier die Indianer auß rotten.

Spanier brauchen die Indianer für Sclaven und Mietpferd.

Wer nun Ew. May. das Widerspiel einbilden / oder die grosse Bossheit von den Hispaniern begangen / gering machen will / denselbigen will ich durch Krafft der Warheit uberweisen / daß er gegen Ew. May. brüchig und crimen læsæ Majestatis begangen / und Theil an alle dem Morden und Rauben / so in India fürgangen / haben müsse / oder etwas darvon zubekommen verhoffe.

Was für ein Pestilentz oder Sterben kan so gifftig und geschwind seyn / so fünffund zwantzig hundert Meyl Landes vergifften / und die intzehlichen Innwohner darinnen / daß keiner uberbleibe / hinweg nehmen und reissen solte.

Spanier schädlicher dann die Pestilentz.

Auß

Auß dem sechsten Beweiß.

Spanier beschüldigen die Indianer der Sodomiterey fälschlich.

Die Hispanier / allein damit sie ihren zeitlichen Nutz und Gewinn daran haben möchten / haben die Indianer mit einer so greulichen Schmach / dergleichen man unter den aller abscheulichsten und schmählichsten Schanden / den Menschen eine aufferlegen kan oder mag / beschweret und außgeschryen / und sie dadurch für solche außgeben / so nicht für Menschen solten gehalten werden. Und ist solche Schmach diese / daß sie alle mit der abscheulichen Sünd wider die Natur solten besteckt seyn. Welches ein grosse Boßheit und Lügen ist. Dann in allen den grossen Insuln / Hispaniola / S. Johann / Cuba / Jamayca / und in 60. Inseln Lucayos / in welchen allen unzählich Volck gewesen / hat man nie von solcher Sünde etwas gewust noch gehört / wie wir dann solches zeugen können / dann wir fleissig von Anfang darnach gefragt und geforschet haben. So weiß man in gantz Peru auch nichts da von. Im Königreich Yucatan ist nicht ein einiger Indianer dieser Sünde theilhafftig befunden worden: Wie sonsten auch nirgent in gantz India in gemein. Man sagt wol / daß solcher Leuthe etwann an einem Orth seyn sollen / aber derselbigen halben solte nicht diese gantze neue Welt für solche außgeschryen werden.

Nicht alle Indianer Leuth fressen.

Dergleichen können wir sagen / von dem / daß sie nur Menschenfleisch fressen sollen / solches geschicht in dieser Gegent / da ich gewesen / nicht / wiewol es an etlichen andern weit entlegenen Oertern geschicht.

Indianer werden der Abgötterey halben und Diebs von Spaniern betrangt.

Sie klagen auch die arme Leuth als abgöttische an. Wann sie nun gleich solche sind / sollen sie darumb von den Menschen und nicht von Gott wider welchen sie sündigen / gestrafft werden? Sie haben ja ihre Länder und Königreicher für sich / und sind sonsten niemand als ihren angebornen Herrn gehorsam zuleisten schuldig. So seynd sie ja unsere Vorfahren / ehe ihnen das Evangelium ist geprediget worden / auch solche gewesen / und die gantze Welt ist fast abgöttisch gewesen / da Christus auff Erden kommen ist.

Spanier halten die Indianer für Bestien.

Sie halten auch die armen Leut für Thier / weil sie solche so nütig / freundlich und gehorsam gefunden haben / und dörffen frey sagen / sie seyn deß Glaubens an JESUM Christum nicht fähig / noch darzu geschickt oder tüchtig.

Spanier hindern das Evangelium in Indien fürsetzlich.

Die Hispanier haben fürsetzlich verhindert / daß die Ehr von Gott an Christo / noch andere Tugenden / den Indianern fürgetragen und gelehret würden / und haben die Geistlichen auß den Stätten und andern Orten verjagt / auff

daß

daß solche ihre Tyranney nicht sehen/ noch solche straffen köndten. Ja das noch mehr ist/haben sie durch ihr böses Leben und Exempel/die armen Indianer verderbt und verführt/haben sie viel Untugend die sie zuvor nicht gewust/ gelehret/ als fluchen/ den Namen Jesu Christi lästern/ wuchern/liegen und viel andere Boßheit mehr / so doch ihr Natur an ihr selbst sonst auffrichtig und schlecht ist. Die Indianer auff das new den Hispaniern untergeben/oder ihnen solche dienstbar zu lassen/ ist nichts anders/ als dieselbigen solchen Leuten zueignen/ die sie ohne Zweifel mit Leib und Seel auffreiben und zu nicht machen werden.

Spanier lehren die Indianer alles böses.

König Ferdinand/ listiglich durch die Hispanier beredet/ hat zugeben/daß die Indianer aus den Inseln Lucayos in die Insel Hispaniola gebracht wurden / und wurden also wider alles Natürliches und Geistliches Recht ihres Vatterlands beraubet. Dadurch sind mehr als fünffhundert tausend Seelen umbkommen/daß also in 50. Inseln/ darunter viel grössere sind als die Insel Canaria/ so voller Leut wie die Omeißhauffen gewesen/ letztlich nit mehr/ als eilff Personen/ deß wir Zeugniß geben können/sind gefunden worden.

Spanier bringen die Indianer umb Leib und Seel.

Fünffhundert tausend Indianer aus Lucayos durch die Spanier umb Leben gebracht. Spanische Tyranny in Indien gar erschröcklich.

So Ewer Majestät/ ich der Leute/ so man Lucayos nennet/ Einfalt und Gütigkeit/ und hingegen das Würgen und verwüsten/so in denselbigen Inseln die Hispanier/die heiligen Christen/ geübt und getrieben haben/ erzehlen solte/bette ich Sorg/ ich möchte Ursach seyn/daß E. Königliche Ohren sich dafür entsetzen/und Ewer Königlicher Leib sich darüber erschütten würde.

Wie die Hispanier wider die armen Indianer gekrieget/ wie viel sie jämmerlich umbgebracht/ was für Weiber sie den ihren entführet haben/ solches ist in vorgehendem klar gnug dargethan worden / und bezeuget solches das Land/so gar verwüst und verderbt liegt: Die Welt schreyet darüber/die Engel betrauren es/ und Gott erinnert es uns täglich/ durch die grossen schweren Züchtigungen und Straffen/ damit er uns heimsuchet.

Auß dem siebenden Beweiß.

DIe Hispanier saugen den armen Indianern vollend all ihre Krafft auß ihren Leibern/ dann sie haben sonst nichts mehr in ihren Häusern übrig / sie plagen sie daß sie Blut speyen/ sie stossen sie in alle Gefahr/ sie legen ihnen unerträgliche Last und Arbeit auff/ und über alles solches schlagen sie dieselbe sie stossen sie / sie martern sie/und in Summa/sie matten sie ab/ und bringen sie auff tausenderley Weiß umb das Leben.

Spanier thun den Indianern alle Plag Marter und todt an.

Die Indianer den Hispaniern in ihre Gewalt geben / ist nichts anders/

O iij　　　　dann

Gleichnuß von der Spanier Regiment über die Indianer.
1.
2.
3.
4.
5.

daß eines Kinds Gurgel einem tollen unsinnigen Menschen/ der ein Schermesser in der Hand hat/ fürhalten : Oder einen seinem Todtfeind/ der lang auff ihn gelauret/ wie er ihn möchte umbbringen/ in die Hände überliefern. Oder eine schöne zarte Jungfrau einem jungen Menschen/ so für lieb blind/ toll und rasend ist/ in seine Gewalt geben. Was kan darauß anders folgen/ als daß die arme Jungfrau/ sie werde dann wunderlicher Weiß erhalten/ geschändet werde und zu Fall komme ? In Summa/ es ist/ als wann man einem wilden und rasenden Ochsen in die Hörner lauffen : Oder wann man einen hungrigen erzörneten Wolff/ Löwen und Tiegerthieren fürwerffen wolte. Was würde es viel helffen/ wann man gleich solchen grausamen Thieren Gesetze geben/ und ihnen zuschreyen und drohen wolte/ sie solten den ihnen fürgeworffenen Menschen nicht zerreissen? Gleich so viel helffen die Ge-

Spanier geben weder auff Gebot noch Verbot ihrer Herrschafft.

bot und Gesetze/ Verbot und Drohen gegen den Hispaniern/ so die Indianer in ihrer Gewalt haben/ daß sie von denselben/ das Gold herauß zu bringen sie nicht solten ermorden und umbbringen.

Spaniern ist unmüglich das Morden zu unterlassen.

Und durch die lange Erfahrung/ kan ich Ewer Majest. diß gründlich berichten/ daß wenn gleich Ewer Majest. geböte/ daß man für eines jeden Hispaniers Losament einen Galgen setzen solte/ und daß Ewer Majest. gleich bey seiner Königlichen Kron schwüre/ der erste Hispanier so erfahren würde/ daß er einen Indianer getödtet hette/ solte dran hangen/ so liessen sie es doch nicht/ solche zu ermorden/ wenn Ewer Majest. zugibt/ das sie volle Gewalt über sie behalten/ oder ihnen zu gebieten/ auff was für Weiß das seyn mag/ gestattet wird.

Auß dem achten Beweiß.

Spanische Estancieros unbarmhertzige Hencker über die Indianischen Sclaven.

Ber das die Indianer den Hispaniern dienen/ und sie versorgen müssen/ müssen sie noch einen andern Auffseher oder vielmehr unbarmhertzigen Hencker über sich leyden. Solcher hat in einer jeden Stadt oder Flecken achtung auff sie (man heist ihn Estanciero oder Calpisque) daß sie arbeiten/ und alles das / was der Herr Commander oder der Principal raubet/ will und heisset/ thun. Wenn sonst kein andere Pein und

Grewliche Plagen so den Indianern von Spanischen Estancieros angethan werden.

Marter in der Höll were/ als diese/ so were es toch gnug. Dieser Hencker streicht sie mit Ruten/ schlägt sie mit Prügeln/ betreifft sie mit heissem Speck/ und peiniget sie mit steter Marter und unnachlässiger Arbeit/ er schwächt ihre Weiber und Töchter/ und thut ihnen alles/ was er nur kan/ zuwider/ er frisset ihnen ihre Hüner / welche sie doch für ihren grösten Schatz achten/ nicht

daß

daß sie solche selbst essen/sondern sie schencken solche ihren Herrn und Tyrannen Major/sich umb ihn wol damit zu verdienen. Er legt ihnen auch andere Marter und Plag ohne Zahl an/ und damit sie nicht über ihn klagen/jagt ihnen dieser Teufel eine Forcht ein/ und bedrohet sie/er wolte sie verklagen/daß er habe sie sehen Abgötterey treiben.

In Summa/ sie müssen mehr als 20. Personen / so nicht zu ersättigen/ vergnügen/und noch ihren Willen dazu thun. Dann sie haben vier Herrn/ Ewer Majestät/ihren Cacique/ dem sie untergeben sind/und den Estanciero ihnen ein schwere Last ist/als ein Centner Bley. Wir können zu diesen auch rechnen alle Monachos und Mohren/ die ihren Herrn dienen/dann diese legen ihnen auch alle Plag an/ bedrängen und berauben sie/ wo sie nur können und mögen.

Indianer müssen vier Herrn auff einmal underworffen seyn. Spanische Moren thun den Indianern alles leid an.

Aus dem zehenden Beweiß.

ES ist sehr zu besorgen/ GOTT werde Hispania hefftig straffen/ wegen der grossen Sünden/so diese Namen in Indien begehet. Und wir sehen solche Straffe schon für Augen/und muß es die gantze Welt bekennen/daß uns GOtt dadurch heimsuchet/und anzeiget/daß er von uns/wegen des Verwüstens und Verderbens/ dieser armen Leut/sehr beleidiget und erzürnet sey. Dann von allen denen Schätzen/so man aus Indien in Hispanien gebracht hat/ daß auch weder der König Salomon / noch kein anderer König jemals in der Welt / so viel Silber und Gold gesehen / noch gehabt hat/ist gar nichts mehr vorhanden. Auch von dem wenigen so in diesen Ländern/ehe India gewesen ist/sihet man nichts mehr/es ist alles hinweg und verschwindet. Darauß folget/daß alle Ding dreymal thewrer sind/als zuvor / und das arme Volck muß viel Kummer und Noth ausstehen : Und auch E. Majestät weil nichts glücklich von statten gehen,

Schätze aus Indien erspriessen dem König in Spanien niemandem. Spanische Tyranney ein Ursach alles Unglücks.

Auß dem eylfften Beweiß.

DIe gantze Zeit über/ da Lares die Regierung gehabt/ welches neun gantzer Jahr gewesen sind/ hat man sich gar nichts bekümmert oder gedacht/die Indianer im Christlichen Glauben/ und was zu ihrer Seligkeit vonnöthen/ zu unterweisen oder zu lehren/ und hat gar nichts darnach gefragt/noch sie geachtet/ob sie von Holtz oder Stein/ ob es Hund oder Katzen weren. Er hat grosse Städte und Oerter verwüstet und verstöret/

Spanier bekümmern sich umb der Indianer Bekehrung gar nicht.

und

Spanischen Gubernators Laves unmenschliche Tyranney.

und untergab je einem Hispanier hundert Indianer/dem andern funffzig einem andern mehr oder weniger/ nach dem es ihm gefiel/ und einer bey ihm in Gnaden und Ansehen war. Also theilete er die Kinder/ die alten Leut/ die schwangern Weiber und die Kindbetterin/ die Fürnehmsten unter der Gemein/auch die Herrn der Städte und Länder selbst denen aus/welchen er mit Gnaden gewogen war/ und satzte in den Brieff/ so er ihnen darüber gab/folgende Wort: Dir sey diese Cacique mit so viel Indianern geschenckt/daß du solcher zu deinem Dienst/und in Bergwercken gebrauchest. Und musten also

Unerträgliche Arbeit der Indianischen Weiber.

grosse und kleine/jung und Alte/die nur auff den Füssen sich behelffen konten/ Männer und Weiber/so groß schwangers Leibes/und die ihrer Geburt neulich erlediget waren/arbeiten und dienen/so lang ihnen ihr Hertz im Leib lebete. Er sahe und gab zu/ daß man die Männer von ihren Weibern/Gold zu graben/auff zehen/zwantzig/ dreissig/vierzig/ ja achtzig Meylen und weiter wegführete/die Weib er musten auff dem Felde/ bey den Schewren und Gärten bleiben/und grosse Arbeit thun/dann sie die Hauffen machen must. u/auff daß sie Brodt zu essen bekämen/das ist/ sie musten die Erde lucker machen/solche graben/und vier Spannen hoch/und 12. Schuch in Vierung/ausschütten/ welches eine Arbeit ist / daran ein Riß gnug zu arbeiten hette / sonderlich so harte/derbe Erde graben und auffhäuffen/nicht mit Schauffeln oder Grabscheitern / sondern nur mit höltzern Pfälen. An andern Orten musten sie Baumwolle spinnen / und andere Arbeit verrichten / welche die Hispanier Geld dadurch zu erwerben/für die nötigsten ansahen.

Spanier verhindern die Fortpflantzung Menschliches Geschlechts in Indien.

Daß also Mann und Weib selten in acht oder 10. Monden / oder aber offt in einem Jahr kaum einander sahen/und wenn sie gleich nach solcher Zeit zusammen kamen / waren sie von Hunger und schwerer Arbeit also abgemattet/daß ihnen der Lust beysammen zu wohnen wol vergieng. Also höret unter ihnen das Fortpflantzen Menschliches Geschlechts auff. Auch die kleine Kinderlein verschmachten/daß die Mütter wegen steter Arbeit und Hunger keine Milch in Brüsten ihnen zugeben hatten. Durch solches Wesen sind in

Spanier bringen die eleinen Kinder umbs Leben. Spanier ertösen gantze Länder.

der Insel Cuba in drey Monaten/ wie dann solchs einer der unsern gesehen hat/über 7000 Kinder Hungers gestorben. Etliche Weiber aus Verzweifflung ersteckten ihre Kinder/ die andern/ wenn sie vermeynten schwanger zu seyn/assen sie ein Kraut/so ihnen die unzeitige Frucht abtriebe. Also kamen die Männer im Bergwerck umb ihr Leben/und die Weiber storben auff den Feldern/ dadurch in kurtzer Zeit das Land erösiget und wüst würde.

Der Oberste verschenckte sie darumb/ daß sie stets ohne unterlaß arbeiten solten/

solten/ darzu gab er nach/ daß sie gar hart gehalten wurden/ dann die Hispanier/ denen sie also untergeben waren/ stelleten die Henckersbuben uber sie/ einen in den Bergwercken/ denn sie Miniero nenneten/ den andern auff dem Felde/ der wurde Estanciero geheissen/ solche Leuth/ die ohne Mitleyden und Barmhertzigkeit sind/ die schlugen sie mit Prüglen und Ruten gaben ihnen Maulschellkis/ stachen sie mit Stacheln/ und nenneten sie nur Hund. Und bey solchen Leuthen hat man nie etwas Mitleydens gesehen noch erfahren/ sondern was sie fürnahmen/ war herb/ saur und bitter.

So man auff diese Weiß die ärgsten Moren hielte/ wegen alles Ubels so sie den armen Christen anlegen/ were es grausam genug und zuviel/ so doch die Indianer ein gar gütig/ gehorsamb/ freundliches und sanfftmütig Volck ist/ als eines unter der Sonnen zu finden.

Und weil wegen dieser verfluchten Estancieros und Minieros/ bißweiln etliche/ so die Last und Arbeit die man ihnen aufflegte/ nicht ertragen möchten/ davon lieffen/ und auff das Gebirg geflohen/ (dann sie ihr Rechnung gewiß machte/ daß sie doch sterben müsten) ordneten die Hispanier eine sonderlichen Ambtmann dazu/ den sie Alguazilles del Campo nenneten/ der solche außkundtschaffte/ und von dem Gebirg jagte.

Der Obrist hat in den Städten uñ Flecken der Hispanier etliche Personen/ die ansehnlichsten unter denen/ so er bey ihm hatte/ geordnet/ die nennet er Visitatores/ welchen er wegen ihres Ambts/ ohne was er ihnen sonst zugetheilet hatte/ einem jedem hundert Indianer/ in seiner Arbeit und Diensten zugebrauchen/ untergab. Diese mochten wol die ärgsten Hencker in der Statt geheissen werden/ und waren grausamer/ als die andern alle. Für diese wurden die geführt/ so die Alguaciles del Campo ergriffen und gefangen hatten. Der/ dem sie entworden waren/ fande sich auch dazu/ und klagte sie an/ und sagte: Diese Indianer sind Hunde/ und wollen nicht arbeiten/ noch dienen/ lauffen alle Tag auff das Gebirg müssig zugehen/ und sind Vellacos. Bitte derwegen/ daß man sie straffen und züchtigen wolle. Darauff bande sie der Visitator alsbald an einen Pfal/ und nahme er mit seiner Hand einen Strick durch Bech gezogen/ auff den Schiffen oder Galeen nennet man solche Arguta/ ist wie ein eyserne Gerte/ und damit schlug er sie so lang und unbarmhertzig/ biß ihnen das Blut an vielen Orthen herab rahne/ und ließ sie hernach für tod liegen.

Gott ist mein Zeug/ was für grausame Tyranney/ sie wieder diese arme Schäflein geübt haben/ ich glaub nicht/ daß ich von tausenden eine erzehlen könte/ es kan auch von niemand der Gebühr nach erzehlet werden.

P   Die

Marginalien:

Spanische Henckersbuben ben thun den Indianer ungreuliche marter an.

Indianer ein fromb und sanfftmütig Volck.

Außkundtschaffter der flüchtigen Indianer.

Spanische Visitatores die ärgsten Hencker.

Greuliche Züchtigung der flüchtigen Indianer.

Spanische Tyranney unschick.

17

Die Arbeit so sie am meisten verrichten müssen / ist / daß sie sollen
Gold graben / darzugehören eiserne Menschen / dann sie müssen die Berge
wol tausentmal umbkehren / und die Felsen durchbrechen / hernach müssen
sie das Goldwaschen / da sie stetig im Wasser stehen und sich bücken müssen /
daß sie wol möchten davon krumb und lahm werden. Wann nun die Goldgruben Wasser nötig werden / so müssen sie solches / uber alle andere Arbeit
ohne Wasserkunst / mit den Armen herauß schöpffen und tragen.

In Summa / daß man leichter verstehen möge / was es für Arbeit sey /
in Ertzgruben zuarbeiten / wolle Ewer Mayestät betrachten / auch die
Heydnischen Keyser den Christen und Märterer kein grössere Marter /
außer-

*Unmenschli-
che Arbeit
der Indianer
in den Gold-
gruben.*

ausserhalb deß Tods angeleget haben/ dann daß sie solche ad **Metallum** oder in den Ertzgruben verdampt haben.

Erstlich müsten sie ein gantz Jahr in den Gruben bleiben. Wie man aber sahe/ daß ihrer zuviel sturben/ halten sie iez etwas innen/ und arbeiten fünff Monat/ hernach wird das Ertz in viertzig Tagen geschmeltzt und zu Gut gemacht. Inmittels mögen sie außruhen. Ihre Ruhe ist/ daß sie die Erde auffhäuffen/ damit sie die viertzig Tag uber zuessen haben/ und machen darauß Hauffen/ wie obengesagt. Ist warlich solches ein schwerere Arbeit/ dann etwann in Weinbergen oder auff den Eckern arbeiten: *(Ruhe der Indianer geringe Auffhäuffen was für ein schwere Arbeit.)*

Sie wissen das gantze Jahr nicht/ wann Feuertag ist/ dann sie müssen stets ohn unterlaß arbeiten. Und diser zu schweren und grossen Arbeit gibt man ihnen nicht gnug zuessen auch nicht deß Cacabi/ welches ihr Brod ist/ auß Wurtzeln gemacht/ gibt wenig Nahrung/ so man nicht Fleisch oder Fisch darzu zuessen hat. Zu solchem Brod gibt man ihnen etwann deß Landpfeffers/ oder Ones/ welches Wurtzeln sind/ wie Ruben/ und solche kocht man oder Brätt sie. *(Spanier geben den Indianern nicht Brod gnug in ihrer Arbeit. Indianisch Brod.)*

Etliche Hispanier/ die da wollen als freygebig gesehen seyn/ lassen alle Wochen ein Sau schlachten/ die theilen sie unter fünfftzig Indianer. Der Mintero nimbt und frisset davon zwey Theil/ die andern zwey theilet er unter die Indianer auß/ und gibt einem ieden alle Tag ein Stücklein so groß/ als die Frauenbrüder Mönch in der Kirchen von dem geweiheten Brod pflegen außzutheilen. Man findet auch wol unter den Hispaniern/ die für Geitz den armen Indianern gar nichts zuessen geben/ schicken solche zween oder drey Tag auff das Feld/ oder auff die Berg/ da mögen sie sich von den Früchten/ die sie an den Bäumen finden/ satt essen/ und was sie also in ihrem Bauch mit heim tragen/ mögen sie sich wider zween oder drey Tag bey ihrer schweren Arbeit behelffen/ dann da wird ihnen kein Bissen mehr gegeben. *(ro. Indianer werden wochentlich mit einem halben Schwein gespeiset. Spanier geben den Indianern in zweyen oder dreyen Tagen nichts zuessen.)*

Ew. May. wollen umb Gottes Ehre willen betrachten/ was für Nahrung oder Stärcke diese zarte Leut von Natur haben mögen/ so nunmehr durch tägliches stettiges arbeiten abgemattet sind/ und wie lang solche lauren und in einem solchen betrübten/ leidigen geängstigsten Stand/ in stettiger Arbeit ohn essen leben möge.

Der Gubernator befihlet/ daß man ihnen nach dem Taglohnen soll/ für ihr Mühe/ Arbeit/ und was sie den Hispaniern zu dienen auffgewandt haben: Und ist ihr Lohn für zwo Tagreisen drey Blancos/ welche ein Jahr ein halben Castilianer machen/ solches macht zweyhundert fünff und zwantzig *(Spanischer Jahr- und Taglohn/ so sie den Indianern geben.)*

P ij   Mara-

Indianer mögen sich nicht einmal satt essen.

Maravadis / darumb können sie ihnen kaum ein Spiegel und Pater noster von grünen oder blauen Steinlein kauffen.

Man hat ihnen auch etliche Jahr gar nichts geben / aber ihr Angst / Kümmernus und der Hunger machet / daß sie gar nach nichts frageten / uñ begehrten nichts / dann sich einmal satt zuessen und zusterben / auff daß sie eines so unzweifflichen Lebens loß würden.

Spanier berauben die Indianer aller Freyheiten. Spanier halten die Indianer ärger als das unvernünfftige Vieh.

Er nahm ihnen ihre Freyheit gantz und gar / und gestattete den Hispaniern / daß sie die arme Leuth in solche Dienstbarkeit und Gefängnus stiessen / dergleichen kein Mensch / so es nicht gesehen noch erfahren hat / glauben kan. Haben also gar nichts in dieser Welt / daß sie frey gebrauchen mögen: Und wiewol das unvernünfftige Vieh bißweiln Raum hat / sich zuerlustigen / sonderlich wann man solche auff die Weyde außlässet und treibet / aber die Hispanier / von welchen wir handeln / lassen auch den armen Indianern nit viel Zeit noch Weyl mit Frieden zuessen / oder anders außzurichten.

Unmenschlicher Zwang der Indianer.

Dieser Gubernator hat ihnen ein ewige Gefängnus und Dienstbarkeit / wider ihren Willen und Verdienst / zuerkennt und sie auch darein gestossen / dann sie von dem an auch nicht ihren willen frey gehabt / etwas für sich selbst zuthun / oder außzurichten / sondern haben nur das Fürnehmen / und thun müssen / darzu sie der Hispanier grausame Tyranney und Geitz / der nicht ersättiget werden mag / getrieben und gezwungen hat / nit wie gefangene Leut sondern wie gebundene unvernünfftige Thier / die man in Banden führet / und thun müssen was man will.

Spanier nemmen den Indianern ihre Speiß und alle Gelegenheit zuessen. Indianer von Natur zarte Leuth.

Wann ihnen bißweiln vergönt wird / in ihre Häuser zuziehen / so finden sie doch weder Weib noch Kinder darinnen / auch nichts zuessen / und wann sie gleich etwas zuessen finden / vergönnet man ihnen doch nicht so vil Zeit / solches zuzurichten / und finden kein ander Hülff dann den Todt.

Also fallen sie in geschwinde Kranckheiten / wegen der stetten Arbeit / und solches geschicht leichtlich. Dann wie zuvor gemelt / sind es von Natur zarte weiche Leut / und gehet ihnen saur ein / daß sie so geschwind / wider ihre Natur und Gewonheit / ohn Gnad / Mitleyden und Barmhertzkeit / mit

Spanier unbarmhertziger gegen den krancken Indianern.

so schwerer Arbeit beladen / und darzu müssen auch stäts hören: Vellacos ihr stellet euch kranck / daß ihr nicht arbeiten dörfft. Wann aber die Hispanier sehen / daß die Kranckheit und Seuch unter ihnen immer je länger ie mehr einreisset / und das weder zu Arbeit noch zu andern ihnen nutz seynd / schicken sie solche wider heimb / und geben ihn auff dreyssig / vierzig / oder offt 80. Meyl zureysen / etwann ein sechs Wurtzeln / so wie Ruben seynd uñ ein wenig Cacabi / damit wandern die armen Leut nit weit / sondern verschmach-

ten

ten und verzweiffeln/ ein Theil gehen zwo oder 3. Meyl/ auch wol auff zehen *Krancke In-* oder 20. Meyl mit grossem Verlangen ihre Wohnung zu erreichen/ und all- *dianer müssen* da ihr Leben zu enden/ und gehen so lang/ biß sie auff dem Weg todt niderfal- *jämmerlich* len/ und haben wir sie offt also todt auff den Strassen ligen funden/ auch wol *Hungers ver-* etliche/ denen die Seel außgieng/ andere aber die sich noch queleten und für *schmachten.* Schmertzen kaum konten herauß sagen: O Hunger/ Hunger.

Wenn gemelter Gubernator sahe/ daß die Hispanier den halben Theil/ oder zwey drittheil der Indianer so er ihnen untergeben/ hingerichtet hetten/ so warff er daß Loß auff ein newes/ und theilete die Indianer auß/ und erstat- te damit die vorige Anzahl. Solches trieb er fast alle Jahr.

Perrarias ist auff das Fußfeste Land kommen/ wie ein hungeriger Wolff *Petrarias* unter ein Heerde friedlicher/ unschuldiger Schaafe/ ja gleich wie der Zorn *ein Spani-* Gottes/ und hat solches Morden/ Verwüsten/ Rauben/ Gewalt und Boß- *scher Tyrann* heit mit seinen Hispaniern/ die er mit sich geführet/ geübt und getrieben/ und *über alle Ty-* dadurch so viel Städte und Flecken/ die wie Omeißhauffen voller Leut wib- *rannen.* leten/ verwüsten und verherget/ daß dergleichen nicht gehört/ gesehen oder bey jrtzend einem/ so sich Historien zu schreiben unterstanden/ zu finden ist.

Er hat mit seinen Gehülffen Ewer Majest. und dero Unterthanen/ be- *Spanische* raubet. Und wird der Schad so er gethan auff vier der 6. Million Golds ge- *Tyrannen be-* schätzt. Er hat mehr als 400. Meyl Lands verwüst/ von Darien an/ da er *rauben ihrem* erstlich angelendet/ biß in das Land Nicaragua/ welches so ein volles/ reiches *e genen Kö-* und volckreiches Land/ als eines unter der Sonnen seyn mag/ gewesen ist. *nig.*

Von diesem verfluchten Menschen/ kompt erstlich der schädliche Gebrauch/ *Petrarias ein* so nicht besser als ein Pestilentz/ her/ die Indianer den Hispaniern zu unterge- *Ursach der* ben/ welche Pestilentz sich hernach durch gantz India/ wo nur Hispanier ge- *Verwüstung* wesen sind/ außgebreitet: Dadurch diese Völcker folgend gar außgerottet *in gantz In-* werden. Und ist er und seine Untergebene alles des grossen Schadens/ so E- *dien.* wer Majest. vom Jahr eintausend fünffhundert und vier her/ an so grossen Ländern und Königreichen erlitten/ Ursach.

Wenn wir sagen/ daß die Hispanier Ewer Majestät sieben Königreicher/ *Spanier ha-* da ein jedes grösser ist/ als Hispania/ verwüst und verderbt habe/ so muß man *ben die Volck-* verstehen/ daß wir solche so volckreich wie die Omeißhauffen gesehen haben/ *reiche Indien* und ist jetzt nicht eine lebendige Person/ darinnen von den eingebornen zu fin- *an leuten gar* den. Dann die Hispanier haben auff die Weiß/ wie gemelt/ solche alle hinge- richtet und außgerottet. Sihet man also von den Städten nichts/ dann die blossen Mauren/ gleich als wenn India eröset were/ und weren mir die Mau-

ren in Städten / Dörffern und Flecken geblieben/ die Inwohner aber weren alle todt.

Auß dem dreyzehenden Beweiß.

Spanier ein Ursach/daß der König E. in gewiß Einkommen auß Indien haben mag.

EWer Majestät haben in gantzen Indien nicht ein Maravadis oder
Heller gewisses/stetiges und werendes Einkommens / sondern alles
Ewer Majest. Einkommen ist wie Blätter oder Halm/ so man auff
der Erde auffliefet/welche/so sie einmal weggeräumet werden/findet man hernach nichts davon: Also ist auch alles Einkommen/so E. Majest. auß India
zu gewarten haben / unbeständig und ungewiß / und gleich wie ein Wind-
brauß/keiner andern Ursach halb/dann das die Hispanier die armen Indianer in ihre Gewalt haben / und gleich wie sie solche täglich würgen und umb-
bringen/also muß auch E. Majest. Einkommen täglich abnehmen und schmä-
ler werden.

Spanier mit ihrer Tyranney verursa-chem Gottes Zorn und Straff über Spanien.

Es stehet Hispanien grosse Gefahr für/ daß es nicht dermaleins auch zer-
schettert/ und durch andere frembde Nationen/ sonderlich durch die Türcken
und Mohren/geplündert und verheret werde. Dann Gott/so gerecht/war-
hafftig und König über alle König ist / gewiß hefftig erzürnet ist / durch die
grossen Sünden und Boßheit von den Hispaniern in India hin und wider
begangen/welche ohne Ursach und Recht so unzehlich viel Leut ermordet/be-
raubet und verderbet/und in kurzer Zeit so grosse Länder zerstöret und verwüstet haben/ welches doch Leut gewesen/ so vernünfftige Seelen gehabt/ und
zum Ebenbild Gottes gleich so wol als sie/ erschaffen/und Gottes Lehenleut
gewesen sind/durch seines Sohns teures Blut erlöset.　Er helt Rechnung
und vergisset derer keines nicht.　Er hatte Hispanier erkohren/daß durch dieselbe die Indianer zu seinem Erkärtnüß gebracht werden solten/ und gleich/
als wenn er über den Lohn des ewigen Lebens sie hette hie zeitlich belohnen
wollen/ hat er ihnen so überschwenckliche grosse Schätze und Reichthum ge-
ben/so viel Gold und Silber/Bergwerck/Edelgestein und Perlen neben an-

Spanier un-danckbar ge-gen Gottes Wolthaten. GOtt straf-ft Sünde mit Sünden.

dern grossen Gütern/ desgleichen man zuvor nie gehört / noch zu finden ver-
meynt hat.　Für solche grosse Wolthat alle haben sie sich undanckbar genug
erzeigt/und das gute mit bösem vergelten.　Es hält aber GOtt allweg diese
Regel/seine Straff und gerechtes Urtheil sehen zu lassen/daß er die Sünde
mit gleicher Sünde / oder mit dem Widerspiel/ damit man gesündiget hat/
straffet.

Das

Das Verwüsten/der Gewalt/die Uberlast/die Unbilligkeit/das Wüten/ **Unschuldig**
das Toben und das Morden an diesen armen Leuten begangen/ ist so groß/ **Blut der In-**
so abscheulich/und auch jederman offenbar und bekand/daß das weynen und **dianer bringt**
heulen/auch das unschuldige vergossene Blut/ biß in den höchsten Himmel **Gottes Rach**
hinauff gestiegen sind/ von dannen es nicht kommet/ biß es GOtt in Ohren **nien.**
gelegen ist/ zu richten und straffen/ alsdann steiget es wider herab auff die Er- **Spanier ma-**
den/ und zerstrewet sich in der gantzen Welt aus/ und klinget allen frembden **chen sich und**
Nationen für den Ohren/ es seyen gleich solche so unfreundlich und greulich/ **ihrem König**
als sie immer wollen /　Darauß folget/ daß die es hören/ ein groß Entsetzen **bey männig-**
und Abscheu dafür haben/und dem König in Hispanien/sampt allen Hispa- **lich veracht.**
niern hässig/ auffsetzig und feind werden / verfluchen und vermaledey-
en solche auff das eusserste verachten/ darauß dann mit der Zeit
grosser Schaden folgen kan.

ENDE.